大学生创新创业教育理论与实践策略研究

卢　萍　著

中国原子能出版社

图书在版编目（CIP）数据

大学生创新创业教育理论与实践策略研究 / 卢萍著.
--北京：中国原子能出版社，2023.12

ISBN 978-7-5221-3250-1

Ⅰ．①大… Ⅱ．①卢… Ⅲ．①大学生–创业 Ⅳ.
①G647.38

中国国家版本馆 CIP 数据核字（2024）第 005309 号

大学生创新创业教育理论与实践策略研究

出版发行	中国原子能出版社（北京市海淀区阜成路 43 号　100048）	
责任编辑	杨晓宇	
责任印制	赵　明	
印　　刷	北京金港印刷有限公司	
经　　销	全国新华书店	
开　　本	787 mm×1092 mm　1/16	
印　　张	12.5	
字　　数	186 千字	
版　　次	2023 年 12 月第 1 版　2023 年 12 月第 1 次印刷	
书　　号	ISBN 978-7-5221-3250-1	定　价　72.00 元

网址：**http://www.aep.com.cn**　　　E-mail：**atomep123@126.com**
发行电话：**010-68452845**

作者简介

卢萍（1986—），女，浙江衢州人，助理研究员，中共党员。从事学生工作十余年，曾获得市级优秀思政工作者、市级优秀辅导员、校级各项荣誉十余项，市级辅导员启创工作室主持人。主持参与省部级、市厅级、市局级课题和校级课题等十余项，发表论文多篇。多次指导学生参加各类创新创业大赛。分别在第十届、第十一届浙江省大学生职业生涯规划与创业大赛中荣获优秀指导教师奖，指导竞赛项目荣获高职高专组创意类一等奖、三等奖。

前　言

当前，创业已经成为经济发展和转型升级的重要动力。在创业型经济背景下，大学生创业教育对于培养创新创业型人才、推动社会经济发展都具有非常重要的意义。高校应当积极响应国家政策，加强对大学生创业教育的投入和支持，创建创新创业的良好生态，培养具备创新精神和实践能力的高素质人才，为推动我国经济发展作出更大的贡献。

随着社会和经济的不断发展，高等教育需要适应新时代的要求，创业教育成为新世纪对我国高等教育的新要求。首先，创业教育是高等教育走向大众化和走出困境的必然选择。传统的高等教育模式以培养专业人才为主，但随着大学毕业生数量的不断增加，就业市场供需不平衡的问题日益突出。而开展创业教育，可以培养学生创新精神和创业能力，提高他们自主创业的意识和能力，促进高等教育的发展和适应社会的需求。其次，大学生创业可以作为解决就业问题的一项重要措施。当前大学生就业形势十分严峻，大量毕业生进入竞争激烈的就业市场，找到一份满意的工作变得更加困难。因此，鼓励和支持大学生创业成为政府和社会各界的共同关注。通过创业，大学生可以发挥自己的创造力和创新能力，创造就业机会，解决自己和其他人的就业问题，同时还能为社会经济发展作出贡献。最后，高等教育在知识经济时代的使命已经发生了变化。传统的高等教育更侧重于培养学生的专业知识和技能，以满足市场需求。然而，知识经济时代要求更多的是创新能力和创业精神。高等教育需要适应这一转型，积极培养大量能够创造就业岗位的创业者，培养学生在面对挑战时的应对能力和解决问题的能力，为创新和科技发展作出更大的贡献。

目前，中国大学毕业生自主创业比例与西方发达国家相比差距较大，创业支持体系不完善、创新创业教育的缺失使人才的创造力和创新力没有完全释放。为此，各级政府相继出台了一系列鼓励和扶持大学生创业的政策，激励大学生通过自主创业实现就业并创造出更多的就业岗位，社会各界对大学生创新创业的关注度也越来越高。研究大学生创新创业支持体系、分析高校创新创业案例是当前学术界面临的一项紧迫任务，对于促进和激发大学生创新创业具有现实意义，为高校教育改革指明方向，提供思路。

创新创业教育是一项可以复制的工程，在探索适合大学生创新创业教育与专业教育深度融合人才培养模式的基础上，对高校创新创业人才培养教育进行全面的研究，找出能为高校所用、能为社会所用的创新创业教育方法，以期为高校创新创业人才培养提供更多的借鉴与指导，实现高校人才培养质量的提高，从而进一步推动中国教育事业的发展。

本书共五章，第一章为创新创业概述，分别介绍了创新与创新意识、创业与创业精神、创新与创业的关系；第二章为大学生创新创业教育基本理论，主要内容包括创新创业教育的内涵与特点、创新创业教育的目标与内容、创新创业教育的必要性与可行性以及创新创业教育开展的理论基础；第三章为大学生创新创业教育现状，介绍了国外大学生创新创业教育发展现状、中国大学生创新创业教育发展现状以及中国大学生创新创业面临的机遇与挑战；第四章为大学生创新创业教育模式与教育体系，主要内容包括大学生创新创业教育模式分析、大学生创新创业教育体系分析；第五章为大学生创新创业教育实践策略，进一步探究了大学生创新创业教育课程体系构建、大学生创新创业教育实践教学体系构建、大学生创新创业教育的教学方法创新与科学评价以及大学生创新创业教育发展趋势与路径选择。

在撰写本书的过程中，作者得到了许多专家学者的帮助和指导，参考了大量的学术文献，在此表示真诚的感谢。本书内容系统全面，论述条理清晰、深入浅出，但由于作者水平有限，书中难免会有疏漏之处，希望广大同行批评指正。

目　　录

第一章　创新创业概述

创新和创业密不可分，人们的创业活动离不开创新，一个社会的发展更离不开创新；创业被看作是创新的载体，是推动经济社会发展、改善民生的重要途径。创新创业是当前各大高校的主要教育内容，这为高校现代化教育的发展指明了方向，通过创新创业教育可以推动教育的革新，明确大学生创业意向，助推专业知识转化成创业成果，促进大学生的全面发展和社会进步。本章主要内容为创新创业概述，详细介绍了创新与创新意识、创业与创业精神以及创新与创业的关系。

第一节　创新与创新意识

一、创新的科学内涵

创新是人类为了满足自身需要，以新思维、新发明和新描述为特征，不断拓展对客观世界的认识能力和实践能力的活动，是人类主观能动性的高级表现形式。英语中的"innovation"一词可以追溯到拉丁语的"innovare"，它包含了更新、创造和改变的意思。首先，"innovation"意味着更新，即将原有的事物或观念换成新的。这种更新涉及产品、服务、商业模式等，旨在使之更具竞争力和适应性。其次，"innovation"也表示"创造"之前不存在的东西。这种创新可以是科学技术的突破，新产品或服务的开发，或是在艺术、文化等领域创造独特的表达方式。最后,"innovation"还指向改变,即对现有事物进行重新分析和改进,以使之更好地适应当代社会的要求。在汉语中,"创新"一词出现得也很早,有"革弊创新""创新改旧"等说法。《现代汉语词典》中对创新的解释是:抛开旧的,创造新的;创造性;新意等。

美籍奥地利经济学家熊彼特较早地给创新以系统定义。1912 年,熊彼特在其著作《经济发展理论》中提出创新理论。他指出,创新是指企业家对生产要素"进行新的组合",从而获得超额利润的过程。这种新的组合包含 5 种情况:一是引入一种新产品或提供一种新的产品质量,二是采用一种新的方法,三是开辟一个新的市场,四是获得一种原料或半成品的新的供给来源,五是实行一种新的企业组织形式。在熊彼特创新概念的基础上,人们进一步提出技术创新、产品创新、过程创新、制度创新、体制创新等一系列概念并将微观领域的创新活动上升到国家宏观层面,提出国家创新体系等概念。

虽然学术界对"创新"尚未有统一定义,但是从一般意义来看,创新是指打破已有的思维模式或常规的思路和见解,利用有限的资源在特定的环境中改进或创造新的事物,探索新的方法和路径,并取得一定效果的行为和过程。具体来讲,可从以下四个方面理解。

(一)创新是获取收益中的一个阶段

在这个阶段,需要突破常规,打破传统,产生新设想和新概念,并将之发展到实际应用的阶段。

(二)创新是创造和引进某种有用新事物的过程

这个过程中,从发现潜在的需要开始,运用知识或相关信息进行创造,并经历事物的可行性检验,直至新事物的广泛应用。

（三）创新具有解决问题的作用

创新可以带来新的商业模式、产品和服务，促进经济发展。同时，创新也可以解决社会问题。创新并不限于特定的领域或特定的人群，每个人都可以参与创新的过程。

（四）创新以取得的成果和成效为评价尺度

任何创新活动的目的都是取得一定的成果并推广应用，根据成果和成效可以分为小级别创新、突破性创新和里程碑式创新。

二、创新的特点和类型

（一）创新的特点

从创新的定义和含义可以看出，创新是对于重复、简单的劳动方式的否定，是对原有事物进行根本性变革或综合性改造，它具有以下特点。

1. 目标性

创新的目标就是通过创新活动，在一定时期内达到预期效果。不同的创新活动具有不同的目标，企业创新活动的目标是提高核心竞争力，从而赢得市场。

2. 变革性

创新是对原有事物的改革和革新，是一种深刻的变革。只要变革的方向正确、目标明确，就可以打破已有限制，获得更大的生存空间。

3. 新颖性

创新的新颖性是指创造者对现有的不合理事物进行扬弃，革除过时的内容，创造出前所未有的东西。

4. 前瞻性

由于创新是相对于他人的首创行为，因此，创新往往超前于社会认识，

3

能把握事物未来的发展方向。

（二）创新的类型

1. 产品创新

产品创新指的是研究开发和生产更加符合顾客需求的产品，旨在增加产品的性能、美观度、便捷性、安全性，降低总成本以及使产品更符合环境保护要求。产品创新是企业保持竞争优势、满足顾客需求和不断发展的重要途径。产品的销售直接关系到企业的收益和发展。因此，企业需要不断进行产品改进和创新以满足市场需求。产品创新可在以下 3 个层面上实现：一是开发出具有新功能的产品；二是产品结构方面的改进；三是外观方面的改进。

2. 技术创新

技术创新涉及生产过程中的任何环节，例如原材料的选择、生产过程的优化、智能化制造等。当企业能够运用新的技术来改善生产流程并且充分利用先进设备和工具，就能够获得更高的生产效率和更低的成本，从而更好地满足不断变化的市场需求。技术创新可在以下 4 个层面上实现。

（1）工艺路线的革新

通过采用新的工艺方法和技术来替代传统的生产方式，可以实现生产效率的提升、成本的降低以及生产周期的缩短。例如，传统的金属切削生产方式在制造复杂机械零件时往往需要较长的加工周期，而精密铸造、精密锻造和粉末冶金等新的工艺方法则可以大大缩短加工时间和减少人工成本，并且能够更好地控制产品的质量。这些新的工艺方法利用先进的模具技术和材料处理技术，能够生产更加精细、精确的零部件，从而提高产品的性能和可靠性。

（2）材料替代和重组

例如，堪萨斯、卡罗来纳等农业州的农民与大学合作，从环保角度出发，以农产品作为原料生产工业产品，比如用玉米生产一次性水杯、餐具和包装盒；从玉米中提取燃烧用的乙醇；从大豆中提取润滑油替代石油产品等，这些产品受到市场欢迎，进而得到政府政策支持。

（3）工艺装备革新

例如，用电脑绣花机代替手工绣花；用数控机床代替手动操作机床等。

（4）操作方法革新

用更省力、更高效的操作方法代替一些传统的、不适应现代技术进步的操作方法。

3. 制度创新

制度创新重点关注组织运行方式的改革和调整，以适应外部环境的变化和内部需求的发展。通过制度创新，组织可以优化资源配置、提高效率和竞争力，促进创新和发展。企业制度主要包括产权制度、经营制度和管理制度3方面内容。

4. 其他方面的创新

其他方面的创新包括商业模式创新、结构创新、环境创新、市场创新等。

三、创新的原则和阶段

（一）创新的原则

1. 科学性原则

创新必须建立在科学技术的基础之上。科学技术原理是科技进步和创新发展的基础，是经过实验验证的知识原则。只有遵循科学技术原理，才能够确保创新的可靠性、安全性和可持续性。同时，任何违背科学技术原理的创新都可能带来负面的影响。此外，违反科学原理的创新也可能缺乏实用价值，不能满足社会的实际需求。

2. 市场性原则

市场是创新最重要的裁判，只有通过市场的考验，创新才能最终转化为成功的商业产品。而实用性是成功的关键，只有能够满足市场对产品的真实需求，才能够获得市场的认可并取得商业成功。正确地评估市场需求和竞争环境，对创新设想进行研究和验证，能够有效帮助创新者将创新成果转化为具体的商业价值，并取得商业成功。其评价通常是从市场寿命观、市场定位观、市场特色观、市场容量观、市场价格观和市场风险观 6 方面入手。

3. 择优性原则

创新产物不可能是十全十美的。在创新过程中可以利用创造原理和方法从而获得许多创新设想，它们各有千秋，这时就需要人们依据相对较优的原则，从创新技术先进性、创新经济合理性、创新整体效果性等方面对设想进行判断选择。

4. 简洁性原则

在现有的科学水平和技术条件下，创新者有时可能需要使用复杂的方式和手段来实现创新。这可能涉及高昂的成本、较大的风险和较长时间耗费，而且结果可能并不总是符合预期的。在科技竞争日趋激烈的今天，结构复杂、功能冗余、使用烦琐已成为技术不成熟的标志。因此，在创新过程中要坚持贯彻简洁性原则。

（二）创新的阶段

英国心理学家沃勒斯提出了创新的"四阶段理论"。该理论认为创新过程应包括准备期、酝酿期、顿悟期和检验期 4 个阶段。

1. 准备期

准备期是创新过程的基础阶段。这一阶段的特点主要是在积累知识的过程中明确存在的问题，确定创造的方向和目标。在这个阶段，提出问题、收集资料和提出假设是最为重要的步骤。

（1）提出问题

创新者若明确地提出问题就等于问题解决了一半。为了正确地提出问题，首先必须了解引起问题所依据的重要事实，以及在解决问题时已具备的前提条件，如理论水平和研究积累的科学事实等。

（2）收集资料

在这一阶段，必须着手挖掘行之有效的方法，即尽可能地围绕问题收集资料、形成概念、储存经验，以便为进行创新活动奠定良好的基础。没有资料，分析问题就缺乏客观依据，创新就失去了根基，成为空中楼阁。

（3）提出假设

创新都是以假设为前提的，只有进行可行性假设，才能从不同的事物中发现共同的东西，从未知的事物中找出已知的东西，从已知的事物中预测未知的东西。有了假设，特别是想象假设，才能发现自然界和社会生活中的新规律，成为新事物的发明者和创新者。

2. 酝酿期

酝酿期是创新过程的运作阶段。酝酿阶段是对各种材料进行深入细致的分析，进行消化、吸收，并提出问题和解决方案的过程。这一过程是创造性思维过程中最为艰难的阶段，也是智力和意志活动付出最大努力的阶段。

为了把自己调整到创新状态，创新者必须从熟悉的思考模式以及对某事的成见中摆脱出来，打破看问题的习惯方式。为了避免习惯的"智慧"束缚，创新者可以使用以下几种技巧。

（1）群策攻关法

群策攻关法是艾利克斯·奥斯伯恩于1963年提出的一种方法。在创新攻关期间，一般是几组人在一起工作，在特定的时间内大家提出尽可能多的想法，但并不对它们进行判断和评价。因为这样做会抑制想法的产生，阻碍人们提出建议。批判的评价可推迟到下一阶段。

（2）创造"大脑图"

"大脑图"是一个具有多种用途的工具，它既可用来提出观点，也可表示不同观点之间的多种联系。在一张纸的中间写下主题，然后记录所有能够与这个主题有联系的观点，并用线把它们连起来。让大脑自由地运转，跟随它一起去建立联系。通过尽可能快地思考，让它自然地呈现出结构，反映出

7

大脑自然地建立联系和组织信息的方式；在新的信息和不断加深理解的基础上，修改结构或组织。

（3）做好梦境记录

为了抓住所做的梦，不妨经常在梦醒之后，把所能回忆起来的梦中情景记录下来，通过梦境中的内容寻找创新元素。

3．顿悟期

顿悟期是创新过程的收获阶段，常常被称为"直觉的跃进""思想上的光芒"。顿悟是与直觉和灵感具有一定联系的思维现象。进入这一阶段，问题的解决一下子变得豁然开朗，思维范围扩大，以往百思不得其解的难题瞬间得到破解。必须指出，顿悟和灵感绝不是什么神秘的东西，也不是无法说清的东西。它同前面的准备和酝酿是分不开的。顿悟如果离开人们长时间的实践，离开高度集中化与紧张化的思考，是不可能产生的，它是一个人长期实践、长期思考的产物。

4．检验期

检验期是创新过程的反思阶段。只有通过验证，才有可能证实创造成果的价值。豁然开朗阶段之后，创造性思维已经获得了初步成果，提出了一定的假设和解决问题的方案。但是，通过灵感获得的结果未必合理，所以还要通过严密的逻辑推理或者实验操作对这一结果的合理性进行检验。在验证过程中，可以发现原有设想的不足，对它进行修正、补充，使它逐步完善。也可能这一假设经受不住考验被全盘否定，但在这一过程中对材料进行了深入细致的分析与思考，为新思路的提出奠定了坚实的基础。

四、创新意识及其培养

（一）创新意识

创新意识的形成主要与个体的生活背景、社会环境、创新资源和教育等因素有关。在当前快速发展的信息社会中,人们对创新的需求越来越强烈,因此人们的创新意识也逐渐提高。创新意识是人们进行创造性活动的出发点和内在动力,它是人们对于现状的不满或对于未知能力的追求,人们通过追求新颖和有意义的解决方案而驱使个体或团队去进行创新。创新意识是创造力的前提。它使个体或团队能够开拓思维边界,寻找创新的可能性。

创新意识包括创造动机、创造兴趣、创造情感和创造意志,它们都是驱动和支持创造性活动的内在心理因素。创造动机是指促使人们主动从事创造性活动的动力因素。它可以是内在的,如个人的渴望和追求、对问题的好奇心和挑战;也可以是外在的,如奖励、认可和社会推动力等。创造动机能够推动和激励人们发动和维持进行创造性的活动。创造兴趣是指人们对于创造性活动的积极兴趣和追求。它能够促使人们探索新奇事物、追求创新和变革。通过培养创造兴趣,个体能够更加主动和积极地投入到创造性活动中,并取得成功。创造情感是指引起、推进乃至完成创造性活动的心理因素。它包括对创造性活动的热情、激情和投入,以及对于创意和成果的情感评价。只有具有正确的创造情感,个体才能够持续地推动和实现创新的目标。创造意志是指在创造性活动中克服困难、冲破阻碍的心理因素。它包括目的性、顽强性和自制性。个体在创造过程中需要具备明确的目标和方向、坚韧不拔的毅力和自律性,以克服障碍和困难,取得创造性的成果。

(二)大学生创新意识的培养

创新是一个民族进步的灵魂,是一个国家兴旺发达的不竭动力。创新意识和创新思维是创新教育的核心。培养大学生的创新能力必须培养其创新意识。21世纪是知识经济时代,知识经济的本质就是创新,培养创新意识是对新时代大学生提出的基本要求,创新意识也是大学生必备的素质之一。

1. 破除创新思维枷锁

影响大学生进行创新思维的枷锁有5种:从众型思维枷锁、权威型思维枷锁、经验型思维枷锁、书本型思维枷锁、自我贬低型思维枷锁。对于大学生来说，思维的枷锁就像一座监狱，只有摒弃守旧观念，勇于冲破思维藩篱，才能走进创新的世界。

2. 充分激发创新思维潜能

精通所学，兴趣广泛。创新绝不是无本之木、无源之水，唯有打牢知识基础，创新才有可能。因此，大学生应精通所学课程，并培养广泛的兴趣。处处留心皆学问，学习绝不仅限于课堂和读书，事实上，学问无处不在。

理论与实践相结合。读万卷书，行万里路，唯有理论与实践相结合，理论才有意义。大学生应该活读书、读活书，而不应死读书、读死书。只有精通理论，才能改进实践；只有拥有丰富的实践经验，才能产生新的理论。大学生要培养自己的创新意识，应富有怀疑精神，打破砂锅问到底，探究各种事物的本源及实质。

投身社会实践。"实践是检验真理的唯一标准"，要开发大学生的创新意识，培养大学生的创新能力，必须让大学生投身社会实践。只有在实践中才能找出想与做的差距，创新理念才能变为现实，创新意识、创新能力才能得到真正的发展。

第二节　创业与创业精神

一、创业的科学内涵

"创业"一词有着较宽泛的解读，"创"，即开始、创造、开创、设立之意；《现代汉语词典》对"业"的解释是指学业、事业、功业、家业、产业、职业、行业等。在英文中"创业"有两种表述方式：一是"venture"，二是"entrepreneurship"。莫里斯从最流行的创业观点中总结出创业的 7 种本质，从创业的"创造"功能角度来诠释创业，如表 1-2-1 所示。

表 1-2-1 创业的本质

序号	本质	内涵
1	创造财富	创业是根据目标做出的风险决定，通过生产产生利润
2	创造企业	创业涉及新交易的建立
3	创造革新	创业包括独特能源的组合，旨在创造新的产品、工序、组织形式、能源供应和市场
4	创造变化	创业是一系列的改变过程，暗示着为了捕捉不同的有效市场机遇而做出的改变
5	创造就业	创业包含雇佣、管理、开发和生产（包含劳动力在内）等要素的发展
6	创造价值	创业为了开发新的机遇以创造价值
7	创造成长	先发制人（积极）地在利润、销售额、资产和雇佣方面促进增长

综合以上对于创业的理解，笔者认为，创业是指发现市场商业机会，将拥有的资源进行整合，通过创建企业或企业组织结构创新，将商业机会转化为盈利模式，从而创造出更多财富和价值的过程。创业有广义和狭义之分，广义的创业是指创业者的各项创业实践活动；狭义的创业是指创业者的生产经营活动，主要是开创个体和家庭的小企业。

从以上关于创业的定义可以看出，"创业"有以下含义。

第一，创业的潜在价值需要通过市场来体现，即市场是实现财富的渠道。

第二，创业的本质在于对商业价值的发掘与利用，即要创造或认识到事物的商业用途。

第三，创业的目的是创造财富、实现人生价值。创业者进入市场，创建实业，这是生活态度和生活方式的一种转变，同时，创业也是创业者为自己创建一个发挥才能、施展抱负、奉献社会、实现人生价值、报效国家的舞台。

二、创业的特点和类型

（一）创业的特点

1. 创业是主动进行的创造活动

知识经济的不断发展，对人们的素质提出新要求。在此背景下，人们会

11

主动开创一种新的生存理念和生存模式，来改变原有的生活方式，提高生存能力。

2. 创业是创造价值的过程

创业是对社会资源的重新组合、配置和利用，创造更多价值的过程。

3. 创业具有一定的风险

创业环境的不确定性，创业机会与创业过程的复杂性，创业者、创业团队与创业投资者的能力和实力的局限性，都会给创业带来一定的风险，有可能会导致创业失败。

（二）大学生创业的特点

1. 激情性

刚进入社会的大学生年轻有活力，勇于拼搏，没有太重负担，具有较强的社会适应能力；自信心较强，对自己认准的事物有激情去体验。

2. 知识性

大学生通过在学校的专业学习，掌握了一定的专业技能及专业知识作为创业的基础。

3. 创新性

大学生思维活跃，接受新事物较快，创意新、点子多。

4. 经验缺乏

大学生意气风发，对创业满怀希望，但难免经验不足，缺乏对市场的了解，应对风险和困难的能力较为薄弱。

（三）创业的类型

创业类型的划分有多种方式，比较常见的是按照创业动机、创业起点、创业项目类型以及创业方向或风险进行划分。

1. 按创业动机划分

依据创业动机，创业可分为机会型创业与就业型创业。机会型创业是指创业者主动寻找并抓住市场中的机会，以创造和发展新的商业模式、产品或服务为目的进行创业。这种创业动机通常不仅仅是谋生，而是出于对市场机会的认知和追求。就业型创业是指创业者出于谋生的需要而选择创业，可能是出于就业市场的不确定性、就业机会的缺乏或个人发展的追求等原因。创业者发现自己难以找到满意的工作，或者已经失业并需要自谋职业。他们创业的目标是通过创造自己的工作机会来满足生计和职业发展的需求。

2. 按创业起点划分

依据创业起点，创业可以分为创建新企业和企业内创业。创建新企业是指创业者个人或团队从零开始，创造出全新的企业组织。在这个过程中，创业者从筹备阶段起就面临着各种挑战和风险。他们需要投入大量的时间、精力和资源，进行市场调研、商业计划制订、资金筹集、组织建设等工作。创业者的想象力和创造力可以得到最大限度的发挥，但同时也面临着缺乏资源、经验和支持的困境。因此，创建新企业是一个既充满挑战又充满机遇的过程。企业内创业是指在现有企业内部进行有目的的创新过程。创业者可以是公司的员工，他们在已有的企业环境中寻找新的商业机会，并推动创新和变革。企业内创业相对于创建新企业来说，有着更多的资源和支持，同时也会面临组织内部的限制和阻力。创业者需要充分利用现有的资源和渠道，同时要克服组织的惯性和创新风险，推动创新并实现商业目标。

3. 按创业项目类型划分

依据创业项目类型，创业可分为传统技能型创业、高新技术型创业和知识服务型创业。传统技能型创业主要是利用传统的技术和工艺来进行创业活动，创业者可以利用已有的资源和技能，将自己的产品或服务推向市场，获得一定的收益。而高新技术型创业则是一种具有前沿性和研发性质的高知识密集型的新技术和新产品的创新，创业者通过利用自身所拥有的技术、知识、资源，以及创新思维创造出全新的产品或服务，以满足市场需求。知识服务型创业则是一种向人们提供知识和信息的活动，它不仅可以帮助人们解决实际问题，还可以帮助人们更好地了解世界各地的文化、历史等，从而更好地了解自己所处的环境。

4. 按创业方向或风险划分

依据创业方向或创业风险，创业可分为依附型创业、尾随型创业、独创型创业和对抗型创业。依附型创业指创业者在寻找机会时依附在一个已有的企业、品牌或平台上，通过合作、加盟等方式进行创业，这种创业方式相对风险较低；尾随型创业指创业者通过模仿或效仿已有的成功案例来进行创业，以此降低创业风险并提高成功的机会；独创型创业指创业者通过独创的理念、思路和模式来进行创业，强调创新性和独特性；而对抗型的创业则是在一个已经被其他公司所垄断的市场中，进行竞争，以实现自身利益的最大化。

三、创业的原则和过程

（一）创业原则

1. 适应性原则

在创业初期，应选择一个切合实际的项目，创业者感兴趣且熟悉，并且能够通过学习和调研来对项目进行认知和风险评估。这有助于创业者更好地投入精力和保持动力，减少风险并制定相应的策略。创业者还应保持谨慎和理性的心态，在创业过程中不断学习和成长，以提升创业的成功率和效果。

2. 市场性原则

对于初创者来说，创意固然重要，但是，产品的市场和销售更重要。很多创业者认为自己发现了一种新的商业模式，就可以受到市场的欢迎，但在实际操作中发现行不通。没有销售渠道，再好的创意也没办法变现。所以，在创业初期，相对于好的创意，如何把产品或服务卖出去更为重要。

3. 资金可控性原则

现金流是一个项目的血液，能够给自己和团队持续发展的激情，无论现金流是来自真实的收入还是投资，都要尽早实现现金流通畅，避免创业过程中由于现金流中断而带来亏损问题。同时，要有止损底线，要敢于下决心喊停。

4. 实践性原则

创业者在初期阶段需要充分了解和把握自己的事业。创业者需要深入了解市场需求、产品细节、客户维系和运营等方面的情况，并且亲自参与其中。通过亲力亲为，创业者能够更好地掌握业务运作的方方面面，了解市场动态和客户需求，从而更好地进行决策和规划。以马云、马化腾、乔布斯等创业者为例，他们在创业初期都是亲力亲为，通过自身的努力和专注，打下了企业的基础。随着企业的发展，他们逐渐放手一线的打拼，专注于后方的战略和规划，将企业带向更大的成功。

5. 目标性原则

创业初期，目标一定要简单清晰，要采取目标聚焦战略，将资源、资金和人力、精力集中于某一项主业，避免"系统化""整合"等多元化的发展战略和目标。

（二）创业过程

创业过程包括从产生创业动机到创建新企业并获得回报的整个过程，通常分为以下五个主要环节。

1. 产生创业动机

创业动机是指创业者追求创业的原动力和内在驱动力。创业活动的主体是创业者，因此他们的个人意愿和内心动机对于是否选择创业起着重要作用。创业动机不仅仅是一时的冲动或一种感觉，更是经过深思熟虑后的一种决策。创业者会对创业的目标和收益进行分析和评估，考虑到风险和机会，权衡成本和回报等因素，并最终确定自己的创业动机。

2. 识别创业机会

识别创业机会是对可能成为创业机会的诸多事件的分析和对创业预期结果的判断。创业机会一般分为两种：一种是意外发现的，另一种是经过深思熟虑才发现的。国家产业政策的调整、新技术的出现、人口和家庭结构的变化、人们的物质和精神需求的变化、流行时尚等都可能形成创业机会。创业者应该具有敏锐的嗅觉，能够及时、准确地识别创业机会，将知识、经验、技能和其他市场所需的资源进行整合。

3. 整合有效资源

创业成功的基础是拥有足够的资源，而这些资源也是创业者们所需要的，只有通过有效地整合资源，才能够有效地利用这些资源。但是由于企业家们能够直接掌控的资源非常有限，因此很多成功的企业家都是从零开始创业的，他们要在众多竞争对手中脱颖而出，就必须有足够的能力和勇气，去发现新领域、开发新技术，以及开拓新市场。企业所需的资源主要包括：基础信息包括市场信息、政策法规、法律法规等，以帮助企业在市场上作出正确决策；人力资源包括合作伙伴、原始员工等，他们在企业发展中发挥着重要的作用；金融资源包括各种金融产品和服务，以满足企业的资金需求。

4. 创建新企业

创建新企业需要做大量的准备工作，其中创业计划、创业融资和注册登记尤为关键。创业计划是创业过程中的关键一步，它是将创业者的创意转化为可以行动的蓝图和指南；创业初期的资金需求通常很大，而资金往往是创业者创建企业路上的"绊脚石"，在企业的创建过程中，创业融资能够产生较大的影响；创业者在完成创业计划之后，获得融资后就可以按照法定程序进行注册登记。这包括确定企业的组织形式、设计企业名称、向工商行政管理机关提出企业登记注册申请、领取营业执照等。注册登记完成后，企业才能正式取得法人资格，合法经营。

5. 实现价值

创业者整合资源、创建新企业的目的是实现价值，并通过实现价值来实现创业目标。

四、创业精神

（一）创业精神的内涵

哈佛大学商学院对创业精神的定义是："创业精神就是突破现有资源限

制而追求商机的精神。"从这个角度来讲，创业精神是指个人或组织在追求商机时，能够超越现有资源的限制，并且敢于承担风险，通过发挥创造力来创造某种价值，进而实现创新的心理过程。创业者需要有勇气去冒险、追求机遇，并且弥补资源的不足，以实现自己的目标。

1. 创业精神的灵魂是创新

创业精神蕴含创新，正如德鲁克所说："创业精神是一个创新过程，在这个过程中，新产品或服务机会被确认、被创造，最后被开发出来，并创造新的财富。"缺乏创新，就不会有新企业的诞生和小企业的成长壮大。

2. 创业精神的天性是冒险

创业者需要具备甘冒风险和勇担风险的勇气。无论是在国内还是国外，许多成功的创业者都是在极不成熟的条件和不明晰的环境下勇敢地进行创业。在创业过程中，面对不确定性和风险是常态。创业者可能面临市场竞争、财务风险、技术发展等各个方面的不确定性，他们需要有勇气和决心去尝试、去探索和去冒险，推动事业不断向前发展。

3. 创业精神的精髓是合作

在当今社会，由于行业分工的细化和创新发展的需要，一个人很难独自完成创业所需要的所有事情，团队合作就变得尤为重要。团队合作是创业中不可或缺的一部分。一个团结一致、协作高效的团队，可以集中各个成员的力量和专长，共同努力、解决问题、创造机会，共同实现创业目标。团队成员之间应该有相互信任、相互尊重和相互配合的精神，共同为团队的成功努力。在面临困境时，拥有团结一心的团队精神更加重要。同时，团队成员应该共同承担风险和责任。团队成员应该相互支持和鼓励，保持团队之间顺畅的沟通，感受到团队的凝聚力和价值观的共鸣。只有团队成员心往一处想、劲往一处使，团队才能更好地应对困境，克服困难，并获得成功。

4. 创业精神的本色是执着

创业的道路是坎坷的，选择了创业就等于选择了面对更多困难、迎接更多挑战，而创业精神就体现在战胜困难与挑战的过程中。因此，创业者必须坚持不懈，只有在战胜困难中学会成长，才能抓住真正的成功机会。

（二）大学生创业精神的培养

1. 树立"广谱式"创业精神培育观

国务院颁布实施的《关于深化高等学校创新创业教育改革的实施意见》（以下简称《意见》）中明确指出了创新创业教育"面向全体、分类施教、结合专业、强化实践"的基本原则，并明确了"普及创新创业教育"的总体目标。因此，要广泛而持久地开展大学生创新创业教育。

2. 培养全面发展的能力

第一，大学生要培养自己的创新思维能力，善于在已有经验的基础上，发现新事物、创造新办法，从而解决新问题。第二，大学生要勇敢面对挫折，具有坚强的意志品质。第三，大学生要培养吃苦耐劳的精神。只有具备了吃苦耐劳的品质，才能更好地应对生活中的挑战和困难，并取得更好的发展。大学生在平时生活中，需要不断提升自我修养，加强实践锻炼，克服困难，不断锤炼自己的意志力和提高自己的坚韧精神，从而更好地适应社会的发展和自身的成长需求。第四，大学生需要培养危机意识，以更好地适应当今激烈的市场竞争环境。面对激烈的竞争和快速变化的环境，培养危机意识可以帮助大学生更好地应对未来的挑战，并取得成功。创业竞赛和创业实践是培养大学生危机意识的有效途径。通过参与创业竞赛，大学生可以在模拟的创业环境中体验到各种潜在的困难，从而提高对市场环境变化的敏感度，增强危机意识。此外，通过创业实践，大学生可以亲身体验创业过程中的种种挑战，包括市场风险、资源匮乏、竞争压力等，从而更加深刻地认识到危机意识的重要性。第五，大学生要不断充实创业知识。创业知识是创业成功的基础，它包括各个方面的知识，如金融知识、法律知识、市场营销知识、管理学知识等。大学生要重视创业知识的学习与积累，努力做好创业准备，以便在创业实践中从容应对各种挑战和问题，提升创业的成功率。

第三节 创新与创业的关系

创新与创业是两个不同的概念，有一定的区别，但是两个概念之间却存在本质上的契合、内涵上的相互包容和实践上的互动发展。

一、创新与创业的区别

（一）内涵不同

从定义来看，创业是创造新的商业，而创新是在市场中应用一种新的发明。创业可能涉及创新，但是创业并不一定总是涉及创新；创新也不一定涉及创业。创新是一种广义上的"将其转化为商品并将其转化为价值的过程"，而创业是一种特殊的"创造企业的过程"。前者可以在现有的公司组织架构中进行，不必进行公司组织架构的构建；而后者又不可避免地涉及公司的组织体系的构建。

从内涵来讲，创新主要是从经济与技术相结合的角度探讨技术创新在经济发展过程中的作用；创业是一个新的非生命市场参与者的创造过程（新商业的诞生）。创业强调"企业从何而来""人们为什么创建新的商业""商业是如何被创造的"等；而创新是对生产函数包括生产力、科学技术、生产资料、生产工具及劳动力和生产关系等的革新。

（二）研究侧重点不同

创新作为创业的手段，是独有的东西，它是思想的表达，偏重于理论分析。创业偏重于实践过程，即个体开创一份自己的事业，追求自己想要的成功。

二、创新与创业的联系

（一）主体的一致性

首先，实施主体是一致的。创业者在创业时，重要的创业资本是核心技术、创业知识、运作资金、创业团队、创新能力等，其中创新能力是最重要的。创新能力是创业者在创业过程中展现的创新意识、思维方式以及解决问题的能力。创业者需要具备独特和新颖的创新思维，能够产生富有创意的独特想法，并能够运用创新思维找到解决问题的新思路和新方法。创新能力可以帮助创业者在竞争激烈的市场环境中获取竞争优势，推动企业的发展和创新。创新能力对于创业者来说十分重要，因为创新是推动社会进步和企业发展的重要动力。创新能力可以帮助创业者发现并满足市场的新需求，改进现有产品或服务，引领行业的发展趋势。创业者需要有敏锐的洞察力和前瞻性，能够发现变革的机会，并能够将创新想法转化为实际的商业模式和解决方案，从而实现企业的竞争优势和成功。

其次，创新与创业的价值主体是一致的，创新和创业两者相互补充、相互依存，它们共同推动着经济和社会的发展。创新需要创业者将原始的知识、技术和商机转化为实际的产品和服务，将创新成果商品化和产业化，从而能够创造财富，实现企业再创业，并实现社会财富的增值。反过来，创业则需要创新的推动，创业者需要以创新的思维和能力来开发新产品或服务，创造新的商业模式和市场机会，以满足不断变化的客户需求和市场环境。创新的价值在于创业，只有将创新成果进行商品化和产业化才能创造财富，实现企业再创业，从而促进社会财富的增值。创业蕴含着创新的价值，每一次成功的创业都必然内在地存在着价值创新。创业是一种能够自我发展和不断创新的过程，它需要创新的思维和能力。因此，我们可以认为，创新与创业的价值主体是一致的，它们共同构成了现代经济发展的动力和源泉。在创业过程中，创新能够推动产品或服务的不断升级和优化，同时也能够创造新的市场机会和商业模式，从而创造更大的价值和成果。

（二）时序的一致性

从创新的时效性看，企业创新特别是在科技成果推向市场的过程中，一般总是从产品创新、技术创新开始的。在创新初期，企业的创新活动主要集中在产品创新上，这是因为新的市场需求通常会体现为对新产品的需求。通过产品创新，企业能够开发出满足市场需求的新产品，提供更好的解决方案，满足消费者的需求，并在市场中获得竞争优势。一旦产品被市场接受，企业的注意力往往会转向过程创新，即企业开始关注如何通过改进生产工艺、降低生产成本和提高生产效率来优化产品的制造过程。过程创新的目的是通过提高效率和降低成本来增强企业的竞争力，使企业能够以更低的成本生产出更好的产品，从而获得更高的利润和市场份额。在企业成功地实现产品创新和过程创新，并取得一定的成果和竞争优势之后，企业将关注市场营销创新，通过不断创新市场推广和销售策略，提高产品的市场占有率，进一步推动企业的增长和成功。在这些创新重点的不同时序上，还会伴随着必要的管理创新和组织创新。可见，利用科技成果创业在时序上是一个连续的过程。

第二章　大学生创新创业教育基本理论

本章主要内容为大学生创新创业教育基本理论，分别介绍了创新创业教育的内涵与特点、创新创业教育的目标与内容、创新创业教育的必要性与可行性以及创新创业教育开展的理论基础。

第一节　创新创业教育的内涵与特点

一、创新创业教育内涵

创新和创业是相辅相成、不可分割的。创新创业教育是一种以培养学生创新和创业能力为目标的教育。它不是简单地将创新和创业进行叠加，而是基于对二者的深入研究，结合素质教育、职业教育等多种教育理念，形成全新的教育理念。创新创业教育是一种公共教育，旨在培养学生的基础能力和通用能力，以应对快速变化的社会和经济环境。创新创业教育不仅注重学生思维能力的优化，也注重学生实践能力的提升。它旨在培养学生具备创新和创业精神的综合素质，包括创新思维、创造力、团队协作能力、市场洞察力等。通过创新创业教育，学生能够在实践中锻炼自己的能力，培养解决问题的能力和适应变化的能力。与此同时，创新创业教育还旨在培养"岗位创业者"，即在自己的岗位上实现创新的人才。它不仅关注学生的自主创业能力，也注重学生在工作岗位上的创新能力。这种教育模式旨在培养学生创新思维能力、主动思考问题、勇于尝试新方法的能力，以适应日益复杂和变化的工作环境。

学校类型的差异、受教育群体的不同，对于如何开展创新创业教育都会产生影响，大学生创新创业教育作为创新创业教育的一个重要组成部分，有其独特之处。高校在开展创新创业教育时，注重加强学生的专业基本理论和基本技术教育，这些都是十分重要的。学生在牢牢掌握基本知识、技能的基础上，才能更好地进行创新和创业活动。同时，高校需要通过一系列创新教育活动来培养学生的创新创业意识和能力。通过这些活动，学生可以接触到实际问题，并提出创新的解决方案，培养创新思维和创新能力。高校创新创业教育的目标之一是帮助学生掌握科学合理的知识结构。这意味着学生需要具备系统的专业知识，并能够将不同领域的知识有机结合起来，形成综合的知识体系。学生需要具备探索新领域、尝试新方法的勇气，以及敏锐的市场洞察力和有效解决问题的能力。通过以上的创新创业教育，高校致力于塑造学生良好的品质，全面提升学生的创新创业能力。这样的教育模式可以帮助学生掌握专业知识，开发创新潜能，培养创新创业精神，从而为学生未来的职业发展和为社会创造价值奠定基础。

二、创新创业教育的特点

创新创业教育的兴起与社会大发展的背景息息相关。在当今社会，科技迅速发展，经济结构不断优化，创新创业已成为推动社会进步和经济增长的重要引擎。因此，创新创业教育作为培养人才适应社会发展需要的重要手段，与时代背景相契合。此外，高校教育的特殊性也使创新创业教育更加符合高校教育的实际需求。高校作为培养人才的摇篮，肩负着培养适应社会发展需要的人才的重要任务。而创新创业教育正是为了培养具有创新意识、创业精神和实践能力的人才而产生的，与高校教育的宗旨和使命相契合。大学生创新创业教育的特点主要表现在以下方面。

第一，大学生创新创业教育强调创新性。创新性是大学生创新创业教育的重要内容之一，而技术应用型人才的培养也应当紧密结合创新能力的培育。随着社会的不断发展，对技术应用型人才所提出的创新能力要求越来越高。这意味着高校在开展创新创业教育时，需要强调创新能力的培养，尤其是强调对技术应用型人才的创新能力进行培养。在教育内容和教育方法上，需要有所创新，更加注重培养学生的创新思维和创新能力，使他们在成为技术应用型人才的同时，也具备了创新能力。同时，注重学生个性化发展，不被传统的教育所局限，培养符合社会发展需求的、具有创新思想和创新能力的人才。个性化的培养可以激发学生的创新潜能，鼓励他们勇于探索和创新，从而更好地适应社会的需要。

第二，大学生创新创业教育非常注重实践性，而高校教育本身也具备较强的实践优势，这使开展创新创业教育成为高校的一个重要使命。在高校开展创新创业教育时，注重实践教学对于培养学生的创新能力和创业素质至关重要。通过实践教学，学生可以将从课堂上学到的理论知识应用到实际项目中，锻炼解决实际问题的能力和创新思维的运用。实践教学包括实践课程、实习实训、创业项目实践等形式，让学生真正地参与创新创业的实践中，从而培养他们将意识创新转化为行为创新的能力。同时，高校也可以通过与企业、科研机构等合作，提供更多的实践机会和资源，搭建平台让学生能够接触到真实的创业环境和项目，增强学生的实践能力和创新能力。这样的实践性教学不仅帮助学生提高就业竞争力，也有助于培养学生的创新思维和创业精神，使他们真正成为创新创业的人才。

第三，大学生创新创业教育强调开放性。创新的本质就是要打破传统的思维和观念，赋予学生更广阔的视野和思维空间，通过交流与合作实现创造力的释放。高校教育作为衔接职业教育与社会就业的纽带，必须具备开放性的特点。开放教育的理念意味着教育不限于校园内部，而是应与社会进行更广泛的联系和合作。这有助于将教育与实际问题结合起来，使学生能够更好地理解和回应社会需求。因此，大学生创新创业教育要强化开放教育的理念，通过强化开放教育的理念，大学生创新创业教育能够使教育与社会更好地接轨，让人才培养更具实际性和可持续性。学生能够积极感知社会需求，增强面对挑战和考验的能力，为未来的创新创业和职业发展做好准备。

第四，大学生创新创业教育强调社会性。高校教育与社会密切相关，特别是在开展创新创业教育方面，强调其社会性至关重要。创新创业教育是一项复杂的社会工程，需要全社会的参与和支持。首先，高校开展创新创业教育需要投入和资源支持。高校要为创新创业教育提供基础设施、师资力量、资金支持等资源，以确保教育质量和效果。同时，政府也扮演着重要的角色，需要提供政策支持和财政扶持，为高校开展创新创业教育提供必要的支持和激励措施。其次，创新创业教育的社会性也体现在社会氛围的塑造和推动上。全社会对创新创业的重视程度、对创新创业者的认可以及对创业环境的改善都会影响高校创新创业教育的发展。良好的社会氛围和创新创业文化可以激发学生的创新创业意识和潜力，促进创新创业教育的开展和成果的落地。

第二节　创新创业教育的目标与内容

一、创新创业教育的目标

创新创业教育的目标应立足于对学生进行理论和实践的综合教育，提升学生的创业意识、创业精神以及创业能力。具体来说，创业教育的目标应当是通过理论知识的传授，培养学生的创业意识，进而培养出他们较强的创业能力，使他们具有高度的社会适应能力，并在激烈的竞争中不断发展潜力，为顺利开展创业活动，最终实现自己的创业目标奠定基础。因此，在创业教育的过程中，除了讲授创业相关的理论知识之外，创业教育教师还要用先进理念和实践机会培养学生的创业精神，锻炼学生的创业技能，从而使学生能独立地立足于社会，并最终打拼出属于自己的星光大道。

创新创业教育旨在将学生培养成为具备创业知识、创业品质的公民，培养成为具有独立个性、开拓精神的社会变革参与者，部分学生通过创业教育的实践获得自主创业、创新致富的本领。因此，应把培养具有创业意识和能力的创业型应用人才当作创业教育的最终目标。

二、创新创业教育的内容

（一）创业意识的培养

马克思主义认为，正确的意识对于客观世界有着积极的影响。创业意识是一种内部驱动力量，它的培养对于人们的行为有着重要的指导意义。通过对学生进行创业意识教育，可以让学生明白，要实现自己的价值，除了就业之外，还可以通过自主创业，创造出一条辉煌的人生之路。因此，对大学生进行创业教育，必须从培养大学生的创业意识入手。

意识是一种人的个性心理倾向，它可以促进人的发展，是创业素质的一个最关键的组成部分，创业意识主要包括了创业的需要、动机、兴趣和世界观。意识对物质有能动的影响，所以创业意识也会对创业者的动机、态度与行为产生影响，相比较来说，创业意识对大学生的创业态度和行为有着特别深远的影响，其中，培养大学生树立竞争意识、创新意识、诚信意识、责任意识、敬业意识与合作意识，是创业教育的一项重要内容。在对大学生进行独立创业意识培养时，应该主动把思想教育工作摆在第一位，激发大学生的创业热情，引导大学生端正创业思想，树立正确的创业意识，学会把创业视为一种积极的人生态度，引导他们勇于尝试、勇于担当的精神态度，让他们敢于、乐于、善于创业。

（二）创业品质的熏陶

品质对于人的心理和行为起重要调节作用，是在先天因素和后天社会实践的基础上形成的个性心理特征。在创业实践活动中，创业品质包括独立性、克制性、坚韧性和创造性。

独立性。独立性是创业者需要具备的基本素质之一，它包括对自身和外部环境的认知、对事物的判断和决策等方面。创业者需要在不断探索中自我创新，提高自己的独立思考和判断能力，从而更好地理解和掌握市场需求和创新趋势。有独立思考和处理困难的能力是创业者成功的重要保障，只有具备这种能力，才能在业务扩张、市场拓展等层面作出有建设性的判断和决策。同时，这种能力也能让创业者在面对困难和挫折时更有耐心和坚韧，更有信心地克服各种风险和挑战，从而推动创业发展。

克制性。在创业活动中，创业者需要面对各种困难和挫折，可能会遇到劳累、压力、财务问题等，能够克制自己的情绪、保持积极的心态是很重要的。创业者需要有足够的耐心和毅力，不被短期的成功或失败所左右，而是保持对目标的长期追求，持续努力。同时，创业者在作出决策时也需要克制自己的冲动。虽然果断是创业者需要的品质，但过于冲动和武断可能会导致创业者作出错误的决策，甚至是引起灾难性的后果。创业者需要在果断和谨慎之间找到平衡，避免过度冲动，始终保持理性进行思考和决策，避免超过自身能力和承受范围的行动。

坚韧性。坚韧性指的是在面对困难和挫折时能够坚持不懈、不动摇，并且能积极主动地应对挑战的心理品质。创业初期的困难和挫折常常令人难以克服，但有坚韧性品质的创业者会继续努力，不被挫折打败，始终秉持信念前行。他们将困难和挫折看作成长和学习的机会，不畏艰难，不轻易放弃，持续寻求解决问题的方式和方法。培养学生的坚韧性能够增强他们面对困难时的应对能力和决心，帮助他们坚持自我价值和目标，顺利完成创业的征程，并实现自己的奋斗目标。

创造性。创造性指个体创造出独特的、有社会价值产物的能力。独特意味着能认真钻研并能另辟蹊径，有社会价值意味着创造的东西具有实用价值或道德价值等。创造性以创造性思维能力为核心，创造性思维又以辐合思维为核心。

（三）创业能力的训练

创业能力是创业者在社会实践中具备的素质，它是一种综合能力，决定着创业是否能够成功。创业能力主要包含以下几方面：一是领导能力，作为引导者，创业者的任务是领导团队、高效率决策、周密考虑所处环境，充当领航者。二是协调沟通能力，成功的创业者除了要领导团队以外，更重要的是将创业伙伴、合作者的关系维持在一个良好的范围，保持团队的团结。为了提高效率，在创业过程中还要营造一个轻松愉快的氛围，为顺利创业奠定基础。三是学习能力。正所谓活到老，学到老。当今社会下，不仅经济在不断发展，知识也在不断更新，社会竞争激烈，创业者需要在创业过程中不断学习，了解新的知识，把这些新的知识变成自己的，才能走在行业的前列，不被市场淘汰下去。学习分为两种：一是能够主动学习，二是能够转化学习的知识并且能在实践中应用。四是创新能力。我国目前提出的五大发展理念中，创新处于第一位，这说明创新在推动国家经济发展中有重要作用。创新是推动历史前进的力量，对时代的发展至关重要，为了与时俱进，不会因为脱离时代而淘汰，创业者一定要有创新能力才可以维持企业的生存，立足实际，既要进行管理创新，又要进行技术决策创新。创业教育既强调创业精神，创业意识，又把这些纳入创业实践之中，使学生在实践活动中实现人生价值。

第三节　创新创业教育的必要性与可行性

一、高校开展创业教育的必要性

高校开展创业教育是素质教育的进一步深化。创业教育在内容上涵盖健康的心理素质、创业意识、创新能力、合作精神、创业品质的培养，提高学生的创业素质。高校开展创业教育不仅可以培养学生的敬业精神、创新能力、学科知识等，还能促进学生在知识、技能、能力、人格等各个方面的提升，助推高校学生综合素质的整体发展，使学生能够挖掘并发挥自身优势，在未来岗位中融入所掌握的创业思想，造就一大批具有开创能力和高素质的人才队伍。

目前，年轻人的就业形势越来越严峻，而创业教育作为高等教育的一项重要内容，对于引导学生形成良好的就业价值观和增强其就业竞争力具有重要的作用。一方面，创业教育能够培养学生的创新意识和创业能力，使他们能够在毕业后把握机会，勇于创新，积极创造价值，而不是局限于传统的求职思维中。另一方面，创业教育能够引导学生建立积极的就业价值观，使他们更加注重自身能力和素质的提升，注重实践经验的积累，从而更好地适应市场的需求，提高自身竞争力。

二、高校开展创业教育的可行性

（一）高校实施创业教育的内部因素

第一，创业教育与高等教育在培养目标、内容、性质等方面都具有共通性。随着经济和社会的不断发展，高等教育的培养目标也一直在不断调整与更新。培养技术型、应用型人才是高等教育的重要责任，这就需要高等学校的教育目标不断与各行业的发展需求相结合，使学生具备实际操作能力与专业知识。同时，综合型人才的培养也变得越来越重要，这要求学生不仅具备专业知识，还要具备创新能力、团队合作能力和跨学科综合能力。创业教育的开展可以帮助学生培养实践能力和综合素质，使他们更好地适应现代社会对人才的要求。同时，创业教育也强调学生需要结合社会现状进行规划与创新，这有助于提高学生的综合能力和素质。

第二，高校的师资呈现"双师型"特征，与创业教育对师资的要求具有共通性。在高校创业教育中，教师不仅需要拥有扎实的理论功底，在创业理论和实践方面有深入的研究，还需要具备一定的实践能力，能够与学生共同参与实践活动，指导学生进行创业项目的策划和实施。这样的双重能力使教师能够更好地理解和满足学生的多样化需求，能够将理论知识与实践经验结合起来，为学生提供更有针对性和实用性的教学。高校之所以能够提供具有实践能力的师资队伍，一方面是因为职业教育的理念要求教师具备实践经验，另一方面是通过建立专、兼职的教师队伍来满足不同领域实践能力的需求。专职教师可以深入从事创业实践和研究工作，形成专业的指导能力；而兼职教师则可以从实践领域引入丰富的经验和资源，丰富创业教育的内容和方法。这种"双师型"师资队伍为高校创业教育的实际成效提供了强有力的支持，使学生能够在理论与实践的结合中更好地学习和成长。

（二）高校开展创业教育的外部条件

第一，在进入 21 世纪以后，我国经济快速发展，我国高校的创新教育也受到了其影响。国家需要着力转变角色，从制造大国转变为创新强国。落实创新驱动发展战略，鼓励创新创业，在科技领域取得突破性进展。同时，国家还需要培养一批具有广博知识、开阔视野和开拓创新精神的创业者，他们能够促进更多就业机会的产生，推动社会经济的发展和提升国家的综合实力。

创业教育的有效开展对于培养创新人才和应用型人才至关重要。这不仅可以提高高新技术成果的转化率，还能够通过辐射作用带动传统产业的发展，拉动国民经济的增长，提高国家的综合国力。推进创业教育需要从教育体系中的所有层面发力，包括学前教育、义务教育、高等教育等。学校应该注重培养学生的创新创业精神和能力，通过专业课程的设置、创业实践项目的开展以及创业导师的指导等方式，激发学生的创业热情和创新能力。同时，通过培养更多的创业应用型人才，政府和企业可以推动科技成果的转化和应用，带动产业的升级和经济的发展。

第二，政府的大力支持为高校更好地开展创业教育提供了保障。政府的政策支持可以帮助学生更好地走上创业之路，减轻他们在创业初期面临的资金压力以及在法律法规等方面的困扰，从而更加专心地从事创新创业活动。

这为广大学生提供了更多实现自身创业梦想的机会，有助于激发青年学生的创业热情和创新能力。在政府政策的利好环境下，高校有责任抓住机遇，切实推进创业教育的顺利开展，提升大学生的整体素质。高校可以通过丰富多样的创业教育课程设置、创业孵化基地建设、创业导师团队建立等途径，全面推动创业教育的开展，培养学生的创新创业思维和能力，引导他们积极投入创业实践。除了政府的政策支持外，高校还应该加强与行业、企业的合作，为学生提供更多实践机会和资源支持，积极开展创业导师制度，为学生提供专业的指导和支持，帮助他们更好地实现创业梦想。

第四节　创新创业教育开展的理论基础

创新创业的实践离不开对知识的传播、转化和应用。传授知识和培养人才是高校的首要任务，创新创业理论为创新和创业提供了必要的支持，为未来的创新和创业奠定了坚实的基础。

一、人力资市理论

人力资本是指劳动者所具备的知识、技能和能力，它是劳动者个体的一种重要资源，可以带来经济和社会价值。亚当·斯密的观点为人力资本理论的发展奠定了基础。1776 年，斯密在他的经典著作《国民财富的性质和原因的研究》中，强调了个人的知识和技能对于经济增长和社会财富的重要性。斯密认为，个人通过学习和培训所获得的知识和技能，可以提高其生产力和劳动产出，从而为整个社会创造更多的财富。他将这些个人的知识和技能视为一种社会财富，是社会固定资本的一部分。他的观点强调了个人知识和技能对于经济增长的积极作用。

随着经济和科技的发展，到 20 世纪中叶时，学者们对人力资本的研究开始系统起来。其中，最杰出的代表人物当属美国的西奥多·舒尔茨，他在著作《论人力资本投资》中，强调了人力资本的重要性，认为人力资本是社会组织和个人通过投资而形成的。他指出，人力资本的质量取决于投资的多少和投资的方向。在他看来，教育是人力资本形成的重要途径之一。舒尔茨认为，教育被视为一种生产性投资，它对经济增长具有举足轻重的作用。通过教育，个体可以获得知识和技能，提高自身的生产力，从而为社会和经济的发展作出贡献。他提出了"教育经济学"的概念，将教育看作一种经济活动，通过教育投资来提高人力资本的质量，进而促进经济的发展。西方大多数专家也认同教育对经济增长的重要性。他们认为，教育能够提供人才和技能，推动产业升级和技术创新，培养创造力和创新能力，从而促进经济的持续发展。教育不仅能够提高人的思维能力和求知欲望，还能够培养人的创造性思维、解决问题的能力和团队合作精神，对于提高劳动生产率、创新能力和竞争力具有重要影响。

在现代社会中，人力资本被认为是最宝贵的资本之一，也是管理的核心内容之一。人力资本的高质量和高效率的管理可以提高劳动力的生产力和创造力，从而促进经济增长。同时，人力资本的管理能够帮助企业在竞争激烈的市场中脱颖而出。一个国家、一个民族的长期兴旺发达也离不开人力资本的优化和管理。管理好人力资本是一项战略性的任务，对于个体、组织和社会都有着重要的意义。这项任务需要政府、企业和个人共同努力，通过完善的人力资源规划、教育培训、激励机制等方式，提高人力资本的质量和效能，实现经济和社会可持续发展。

二、实用主义教育理论

实用主义教育理论是在 19 世纪末美国兴起的一股教育思潮。这一理论的出现是在基于传统教育学的批判和美国实用主义文化的背景下发展起来的，这一理论对全球的教育理论研究和实践产生了深远影响。实用主义教育理论代表人物有美国哲学家、教育学家杜威（John Dewey）和克伯屈（W. H. Kilpatrick）等人。

杜威非常重视教育中师生之间的合作关系。他认为，教师应该与学生合作，激励学生自我发现问题、自我解决问题，这样可以促进学生的主动学习和深入理解。杜威反对那种通过威吓和压制的方法来进行教育教学，认为这种教育方法会对学生造成不良影响。相反，杜威主张师生之间的关系应该是平等的、相互尊重的，师生通过合作交流和共同学习，增进彼此的理解和信任。这种合作交流和共同学习的过程，不仅能够提高学生的学习兴趣和动机，还能够培养学生的批判性思维和能动性。在杜威的理论中，教育应该是一种经验主义的交互过程，而不是一种被动的灌输方式。教师应该成为指导者，与学生共同参与问题探究和解决的过程，引导学生探索和发现问题并提出解决问题的策略，从而更好地满足学生的需求。

三、人的全面自由发展理论

在《共产党宣言》中，马克思强调了"人的全面而自由的发展"，这是共产主义社会的一项基本理念和目标。马克思认为，在共产主义社会中，个人的自由和发展不会受到私有制经济关系的限制，而是能够全面地实现。"人的全面而自由的发展"包含两个重要方面的内容。首先，人的性格、智慧和情感等方面需要得到全面、和谐的发展。这意味着每个人都应该有平等的机会接受教育，发展道德、智力和情感方面的素养，在多个方面得到合理的发展。其次，个人的个性和才能应该得到自由自主的发展。这意味着每个人都应该有选择自己生活方式、职业道路和创造活动的自由。个人的自由发展不应受到社会和制度的束缚，而应该得到保障和尊重。马克思将"一切人的自由发展"和"每个人的自由发展"看作是辩证的关系。他认为，只有当每个人的自由发展得到充分保障和实现时，才能真正实现整个社会的自由发展。每个人的自由发展是构成整体自由发展的基础和要素。

马克思认为，人的全面发展包括人的个性自由发展、人的人格发展和人的智力发展。传统教育模式的目的是为社会、政治和经济的发展提供适合的人才，但在具体的教学实践中，却存在着"重共性，轻个性"的现象，这明显有悖于人的全面和自由发展。从学界对创新人才的定义来看，实际上是基于人的全面自由发展，更注重创新思维、创新能力、创新品质和意志的培养。推动人的全面自由发展与促进社会、经济和文化的发展是互为前提和基础的。人的全面自由发展的实现可以激发个人的潜力，培养人们的创造力和创新意识，从而推动社会、经济和文化的进步。相反，社会物质和精神财富的充分发展也有助于为人的全面自由发展提供更多的条件和机会。

人的全面自由发展理论强调每个人作为独立的个体，应该有权利追求自己的全面发展，并且在追求个人发展的同时，贡献于整个社会的和谐发展。这是一个重要的教育理念，强调每个人具有独立思考、自主学习、自我成长的权利和能力。在培养创新人才方面，高校应该转变教育观念，确立"以学生为本"的教育理念。这意味着高校应该更多地关注学生的个性和全面发展，尊重学生的自主性，为学生提供广泛的学习和发展机会，促进他们全面发展各个方面的能力和素质。在实际的教育实践中，高校应该遵循青年心理和生理发展的科学规律，有针对性地设计和提供教育活动。高校应该为学生创造有利于个性全面自由发展的教育环境和条件，鼓励学生独立思考、自主学习，并提供多样化的学习资源和机会。

四、创新教育理论

高等教育应该致力于培养既有理论知识，又能够解决实际问题和应对现实挑战的人才。在这个意义上，校企合作、工学结合和实施工作过程系统化的教学是一种很好的教育方法，有助于将理论知识与实践经验相结合，使学生在学习中更贴近生产实际。校企合作可以让学生接触实际生产环境，了解实际的技术需求，从而更好地理解理论知识的实际应用。工学结合可以让学生更深入地掌握课堂中学到的理论知识，并将之实际应用于工作实践中。实施工作过程系统化的教学可以让学生了解和掌握实际生产过程中的规范和流程，从而更好地进行工作规划和组织。这种教育方法有助于激发学生的学习热情和自主能动性。

高校对生产一线人才的培养，急需从第一线获取鲜活的知识。这样才能让学生更好地掌握专业技能，从而为社会提供更多的高质量人才。而教材只是一种理论上的参考，总是落后于社会实践，不能完全体现现实生活中的所有知识，特别是劳动过程中的隐性知识；教师传授的知识与技能，都是经过规范、理论加工过的知识，存在着遗漏、偏差、固化等问题，因此无法满足实际需求。

根据知识能否清晰地表述和是否有效的转移，可以把知识分为显性知识（Explicit Knowledge）和隐性知识（Tacit Knowledge）。在社会生产和生活中，隐性知识是广泛存在的，它不同于明确表达的知识，是个体在实际行动中所积累的经验、技能和洞察力。这种隐性知识对于技术进步和问题解决具有重要作用。发现、概括、提炼社会生产和生活中的隐性知识，需要具备相应领域知识基础的"有心人"去进行。这些人可以从实践中观察、总结，提出解决方案，并通过实际应用来破解隐藏的问题。这个过程是一个渐进的积累和创新的过程，每一次的发现和解决都在逐步推进技术的进步。技术进步不是突然发生的，而是通过持续的积累、改进和创新实现的。每一次发现和解决隐含问题的过程，都构成了技术进步的一环。这种日积月累的渐变是技术进步的本质。

隐性知识到显性知识的转化，是通过构建一个能够重复使用知识系统，并着重于信息的收集、组织、管理、分析和传播。在这一过程中，新观念是在信息的不断聚集中生成的。私人知识是无法被直接分享的，只有知识中的有关观点和信息是可以被分享的。别人形成自己的新知识是通过对接收到信息的感知、理解、内化获得的。

内化是指将外部显性知识转化为个体内部的隐性知识，并在个体内部加以理解、运用和创新。知识的内化是知识管理中非常重要的一环，因为只有将显性知识内化为个体的隐性知识，才能更有效地进行知识应用与创新。当显性知识通过学习、理解和经验的积累等过程，内化为个体内部的隐性知识后，个体才能更灵活地运用这些知识去解决问题，创造价值。对于组织来说，知识的创新与应用是知识管理的终极目标。一个组织是否能在竞争中占有优势，取决于是否能够充分利用和不断创造新的知识，并进行知识的更新。通过推动知识的内化过程，组织可以将外部的显性知识转化为组织成员的隐性知识，并通过共享和协作的方式，不断应用和创新知识，从而增强组织的竞争力。

隐性知识向显性知识的转化是知识创新和技术进步的重要路径之一，通过将个体经验和知识以可传递、可共享的形式进行记录和表达，促进知识的共享、传播和进一步的发展。企业新知识生产的核心是生产组织中员工个人的隐性知识。对员工进行有效的隐性知识激励，以此达到规避转换障碍、增强转换模式间的交互效应，所采取的措施都会对新知识的生成产生影响。

劳动者在生产一线不仅仅是将隐性知识转化为显性知识，同时也参与了智力运用和创造的过程。在现代工业社会中，劳动已经不再只是机械性的重复操作，而是需要运用智力和创造力的过程。劳动者需要通过分析问题、解决技术难题和创新工作方法来完成任务。他们需要理解并熟练运用先进的生产技术和设备，并能灵活适应生产环境和需求的变化。

高校应该注重培养创新人才，而不仅仅是传授知识。创新能力在现代社会和经济中至关重要，因为它推动着社会和技术的进步。大学教育的重点不仅在于传授学科知识，还应该注重培养学生的创新思维、问题解决能力和创造力。通过开展创新教育的内容和活动，学生可以更好地掌握知识，并将之应用到实际问题和挑战中。创新教育可以包括实践项目、团队合作、问题导向学习等，这些活动可以培养学生的实际操作能力、创造性思维和解决问题的能力。大学教育应该以创新为核心，通过创新教育的内容和方法培养学生的创造力和解决问题的能力，以使他们成为真正的人才。

第三章 大学生创新创业教育现状

本章主要内容为大学生创新创业教育现状分析，主要介绍了国外大学生创新创业教育发展现状、中国大学生创新创业教育发展现状以及中国大学生创新创业面临的机遇与挑战。

第一节 国外大学生创新创业教育发展现状

一、美国高校创新创业教育概况

（一）美国高校创新创业教育发展历程

开展创新创业教育最早的国家是美国，无论是对相关理论的研究还是教育实践都处于世界领先水平，美国的大学也逐渐经历了从原本的教学型大学转型到研究型大学的过渡时期，成为创业型大学。

1947 年，美国哈佛商学院开设了新创业管理的课程，这一课程被人们视为美国在高校创新创业教育方面的首次尝试，也标志着美国高校创新创业教育的萌芽。之后，在 1968 年，美国百森商学院也设置了本科阶段的创业教育课程。1971 年，南加州大学设置了研究生阶段的创业教育专业，并设立创业学硕士学位。20 世纪 80 年代开始，美国很多高校都相继开设创业教育课程，并逐渐建立和完善创业教育课程体系。进入 21 世纪，美国开设创业教育相关课程的高校已有 1 600 多所；学术界也创办了四十余种创业教育相关期刊；美国全国成立了一百多个创业教育研究中心，从事创业教育研究等工作。

在美国创新创业教育发展的过程中，与之相对应的是大量孵化器、科技园、投资机构、创新创业培训机构等组织的兴起，这些组织构成了外部联系网络，沟通了高校与社会各界，让学校的创新创业教育课程能够跳出学术的范畴，拥有实践的机会与空间。

美国创新创业教育的兴起在一定程度上受到了历史发展的影响。20 世纪 60 年代末，美国经济增长速度逐渐减缓，经济结构面临着转型的挑战，很多大型企业也在不断缩减员工数量，此时，社会上的中小型企业创业者逐渐增加，科技和金融的发展带来了难得的机遇，硅谷地区的创业者数量迅猛增长。面对这种社会形势，创新创业教育变得十分重要。20 世纪 80 年代，科技创新在美国社会掀起热潮，创业革命的巨浪席卷社会，其中影响最大的创业者当属比尔·盖茨。随着科技创新与创业的兴起，美国的高校创新创业教育也得到了长足的发展。美国考夫曼创业领导中心 1999 年的报告显示，在美国有 91% 的人认为创业是一项令人尊敬的工作，每 12 个人中就有一人想开办自己的企业[①]。如今，美国大学生创业比例达 25%，远远高于中国。

（二）美国高校创新创业教育的特点

1. 良好的社会创业文化基础与社会保障体系

（1）美国大部分人口为欧洲移民者的后裔，他们本身就有着敢于挑战、不惧风险的传统与精神，而科技、经济的领先让世界各国的精英不断流向美国，这就导致美国社会极为崇尚冒险，强调个人奋斗、平等等观念，他们敢于创新创业，更不惧失败。这样的社会风气与文化使大学生创新创业行为受到了极大的鼓舞，并间接推动了高校创新创业教育的发展与进步。

（2）美国政府十分重视大学生的创新创业。首先，美国政府在政策和法

---

① 蔡克勇. 教育发展的新趋势：加强创业教育 [J]. 求是，2001，（18）.

律上给予大学生创新创业活动很大的保障，让创新创业活动能够受到法律法规的规范与保护。例如美国出台的简化新公司申请手续、降低创新创业公司的税率等规定，以及建立健全信用制度等。其次，美国还设立了很多创新创业组织机构，如不同种类和级别的创业教育中心、企业家协会等，这些组织机构为大学生的创新创业提供了指导和一定的保障。

（3）美国在金融方面给予创新创业很大的支持。在美国，创业教育资金的筹措渠道有很多；美国的风险资本市场也非常完善，有很多风险投资机构愿意为创业项目投资；美国政府还成立专门的国家创业教育基金；在社会上取得一定成就的企业家们也会向高校提供资金支持其创新创业教育；此外，社会上很多公益基金也会为高校的创新创业教育项目提供经费支持。例如，美国考夫曼创业流动基金中心就曾为美国的创业大赛、创业教育课程开发、高校创业实践活动等提供经费支持，很多组织还会为高校的创业教育和实践项目提供指导等方面的支持。

（4）美国的企业为高校的创新创业教育提供了很大的支持与帮助。美国哈佛商学院建立了令其他高校羡慕的校友关系网，这一关系网络也是哈佛商学院的宝贵财富。哈佛商学院会定期邀请那些在实业界取得一定成就的企业家到学校进行演讲，而在这一过程中，哈佛商学院的校友关系网也在不断扩大和延伸。哈佛商学院的校友关系网为学校的创业教育和学生的创业实践提供了极大的方便。

（5）美国有强大的创业组织与支撑网络。美国成立的中小企业管理局（SBA），能够为筹备创业活动的组织和个人提供优惠甚至免费的技术支持。美国的很多大学都有中小企业发展中心（SBDC），这一组织能帮助创业者解答一些创业问题，并能以研讨会的形式为创业者提供咨询服务。

2. 战略性的创新创业教育理念

创新创业教育的发展要以国家经济发展的需求为导向，国家对创新性经济发展的重视程度也在一定程度上影响了创新创业教育的发展。美国经济之所以能够维持长时间的繁荣，位于世界前列，创业活动的贡献不容忽视。美国政府深刻地认识到了这一点，所以对企业家精神的养成十分重视。美国政府意识到，在创新创业教育的实践活动中培养出的人才，能更好地适应工作，在岗位上能够发挥出更大的作用，创造出更大的经济价值。对创新创业教育的这种认识也是美国的战略性创业教育理念的核心。可以说，美国创新创业教育的成功离不开这种创新创业教育理念的宣传。

美国高校的创新创业教育很好地契合了高校让每个学生都能自由发展的教育理念，让学生在接受高校教育的过程中能够多元化发展，其教育目的并非单纯地让学生就业，而是让学生找到自己的长处、发展自己的优势，关注的是学生的长期发展。百森商学院认为创业教育并不是"制造企业家"，而是应让美国大学生具备创业的精神与意识，成为具有革命意识与创新能力的新一代创业者，创业教育不能局限于眼前的利益，而是要追求教育的创新与发展，推行适合时代发展的创业教育。

3. 完善的创新创业教育研究体系

创业并非一日之功，它的内涵是终身学习。相应地，创业教育也不是高校特有的教育。创新创业教育体系应涵盖初等教育至高等教育的各个教育阶段，是全方位的教育体系。最近几年，创业学的学科发展极为迅速，这一点在美国等发达国家和印度等发展中国家的高校中尤为明显，创业学学科的发展集中体现在高校的商学院和工程学院教育当中。在发展过程中，美国的创新创业教育已经完成了课程教育到专业教育再到学位教育的转变过程，其教育内容也从单纯的职业培训转变成了非功利的系统化教学。这种变化促进了高校创新创业教育研究体系的建立与完善。美国的创新创业教育研究体系呈现出以下特点：

第一，培养目标明确。美国创新创业教育培养目标有两大突出特征，一是要打破学生传统的就业思想，增强学生的创新创业意识；二是要加强学生对企业创建和管理相关知识的理解与掌握。

第二，学科建制完善。目前美国很多高校都设有创业学专业，并且很多学校都设置了硕士博士等高学位。例如美国的百森商学院每年都有大量本科毕业生拿到创业学学士学位。美国高校将学科教育、专业教育与创业教育进行有机融合，有效增强学生的创业意识，加强学生对创业知识的掌握程度。很多高校都成立了创业中心，为本校的创业教育和创业实践活动提供指导，也有的高校融合了创新与创业的知识，将之并入工程专业教学当中。

第三，课程设置系统化。美国大学以自己的办学理念为导向建设了创新创业教育专业，并进行深入的研究，逐渐形成了带有本校特色的创新创业教育课程体系和教学计划。一般情况下，高校的创新创业教育课程可分为四类：分别是创业意识类、创业知识类、创业能力素质类以及创业实务操作。这四类内容涵盖了创业理论的讲解、创业案例分析、创业仿真模拟练习三大项内容。课程设置的系统化使创新创业教育有了科学的开展基础，使其教育目标更容易实现，教育理念与教学实践的结合也更加合理。在美国，百森商学院的创业学课程体系深受各高校的推崇，很多高校都对此有所借鉴。斯坦福大学的创业教育课程体系特点在于将文化教育与职业教育进行深入的融合，在学生创业教育与实践的过程中，斯坦福大学会全程参与并为学生提供意见和帮助。哈佛商学院的资料和案例库建设十分出色，为学生进行创业研究提供了有力的资源支持，同时哈佛商学院还为学生创业研究提供了良好的学习氛围。

第四，教师素质出众。创新创业教育对创新性和创造性的要求很高，这也就意味着教师在这方面要有极高的水平。美国创新创业教育的成功离不开高校卓越的师资力量。美国高校的创新创业教师有两种。一种是专职教师，他们不仅实践经验丰富，理论知识也十分扎实，能够很好地为学生提供讲解和指导。例如百森商学院的教授与社会上很多成功的商人都有来往，这就能够敏锐地把握社会的需求和对学生的要求。另一种是兼职教师，这类教师来自社会各个领域，可能是成功的创业者、政府官员，也可能是风险投资者等。例如曾经担任过英特尔的首席执行官的安德鲁·格罗夫，就曾在斯坦福大学做过兼职讲师，他通过自身的经历为学生提供指导。在创新创业教学当中，很多课程都是由专职教师和兼职教师共同为学生进行讲解的，这样可以提高课程的教学效果。如斯坦福大学的《技术创业》和《创业机会识别》课程，负责授课的教师为三名客座教师，他们在实践方面有非常出彩的经验。

第五，实践教学内容丰富，且实用性强。创新创业教育离不开实践，美国高校的创新创业教育十分重视实践活动，在教学中，实践的比例也高于单纯的理论讲解。美国的创业教育国际协会会通过模拟创业活动来增加教师的创业实践体验，从而提高教师的教学和指导能力。很多商学院也会通过模拟创业活动的形式或是开设第二课堂来为学生提供课外实践机会，加深学生对创新创业的体验。例如，麻省理工学院举办的"五万美金商业计划竞赛"，这项活动在高校和社会上的影响都很大，每年这一竞赛的举办都能催生出几家新型企业。

美国的高校创业计划大赛有很多，比赛的成果也十分出众，美国很多颇具影响力的高新技术企业都是从这类比赛中发展成型的。最近几年，美国很多工科大学都在探索"合作教育"模式，这一教学模式中包含九个月以上的劳动实践学习，有的高校甚至在尝试延长学制，让学生有更多的机会来锻炼实践能力。此外很多高校也经常组织各类创业活动，让学生拥有创新创业的机会。

二、英国高校创新创业教育概况

（一）英国高校创新创业教育发展历程

自 20 世纪 70 年代以后，英国受石油危机的影响，其经济一直处于低迷状态，20 世纪 80 年代，英国的失业率高居不下。同时，在 70 年代中期，英国高等教育的理念逐渐发生变化，从培养研究生的知识能力拓展到激发研究生的潜质上来，尤其是政府和企业对高层次人才的需求量加大，高等教育经费的减少促使学校和企业的联系也日渐紧密，并且有了兴建创业园区的办学形式和模式[1]。在此背景下，英国的创新创业教育有了快速的发展。

---

① 孙剑明，宋子祥. 论国内外创业教育的发展 [J]. 继续教育研究，2011，（09）.

英国的创新创业教育始于 1982 年所推出的"大学生创业"项目，这一项目最初的目的是解决部分高校毕业生难以就业的问题，从而提高高校学生的整体就业率，为此，高校鼓励大学生在当地就业并尝试自主创业。1982年，在苏格兰创业基金的支持下，英国斯特林大学启动了大学生创业项目，斯特林大学通过创业教育演讲等形式，给学生传授创业知识，并选拔优秀的学生进行创业指导，然后开设创业课程培训班来进行创业教育。最初，该项目的主要目的是解决大学生的就业问题，因此功利性很强，同时该项目还把快速培养企业家当成主要目标，这就导致在教育理念上存在片面的问题，因此项目缺乏足够的动力来启动。不久之后，随着失业率逐渐降低以及创业教育成本的不断上升，英国政府终止了这一项目。

但是随着社会和经济的不断发展，英国政府对创新创业教育的认知发生了根本性的转变，他们认识到功利性的创新创业教育不能满足时代发展和学生个人发展的需要，创新创业教育要从根本上进行改变。20 世纪 80年代末，英国创业教育的目标逐渐开始重视创业者综合素质的培养、品质的提升以及对企业发展与管理知识的掌握等方面。英国政府在 1987 年发起"高等教育创业"计划（EHC），其宗旨是培养大学生的创业能力，强调一般知识的传授要与工作相关的学习相融合。这算是英国创业教育政策的正式开端[1]。

1988 年，英国政府发起了广受赞誉的大学生创业项目，该项目有两个显著特点，一是通过课堂教学的方式让学生与优秀的创业者面对面进行交流和探讨；二是通过悉心的指导帮助学生尝试创办公司，让学生获得创业的体验。1999 年，英国科学创业中心由英国政府牵头成立，其主要职责是管理创业教育活动并组织创业教育实践。20 世纪 90 年代，英国的中小企业逐渐增多，且经营活动十分活跃，这也为英国的创业教育提供了实践教育的基础。

进入 21 世纪，英国的创业教育开始转向关注创业文化的建设，与此同

---

[1] 牛长松. 英国高校创业教育研究［M］. 上海：学林出版社，2009.

时，创业教育的课程设置、实践活动、教育管理机构和资金支持等方面都有大幅度的发展。例如，英国的"创业远见活动"主旨就是培养英国的创业文化，让青年学生具备创业精神。这一活动受到了社会各界的支持，英国贸工部下属的小企业的服务部提供了赞助，很多财政部大臣也以个人的名义出资支持该项目开展，参与这一项目的组织和个人很多，大约有 60 万家企业以及十几个创业教育组织机构参与。

2004 年，英国又成立了全国大学生创业委员会，全面负责全国的创业教育[①]。该委员会的建立加强了高校与地方之间关联，也为英国的创业教育发展提供了很多决策和支持。与此同时，在政府的引领和支持下，英国成立了很多基金组织，为英国创新创业教育提供了咨询、技术、资金等各方面的支持。此外，还有英国王子基金对该项目的支持，英国王子基金所实施的青年创业计划每年都会资助几千名青年尝试创业，其资助的项目成功率超过60%。在政策的支撑以及措施的施行下，英国高校创新创业教育得以稳步发展，逐渐成熟。

（二）英国高校创新创业教育的现状

经过几十年的发展之后，英国高校创新创业教育得到了全面的发展与提升，其普及率得到提高，课程设置也更加系统化、科学化，创业活动实践也得到了全面的发展，社会创业文化的包容性逐渐提升，相关的政策、组织机构等也逐渐完善。不过，英国创新创业教育的缺点也十分明显，受到社会文化的影响，英国民众的创业热情比美国要低；英国高校的创新创业教育课程设置范围相对比较狭窄，以商业领域为主，较少涉及社会科学领域；并且创新创业教育在不同地区之间的水平差异也十分明显，这些都需要进一步改善。

---

① 郭丽君，刘强，卢向阳. 中外大学生创业教育政策的比较分析［J］. 高教探索，2008，（01）：132-135.

（三）英国高校创新创业教育的特点

1. 良好的政策环境

（1）英国制定创新创业法律与政策的部门共有四个，可见英国对这方面的政策制定比较重视，同时，各项政策之间能够协调配合，为英国大学生创新创业提供了良好的政策环境。

（2）英国高校创新创业教育的经费主要由政府财政支出和政府所设立的基金会提供，例如高等教育创新基金，该基金创立的宗旨是加强校企之间的合作；科学创业挑战基金的宗旨是帮助学校将创业教育和知识成果转化成经济生产要素；创新创业奖学金主要是帮助弱势群体开展创业活动，从而使他们能够独立自强。总之，英国有力的资金支持政策与措施为英国的大学生创新创业提供了良好的资金政策环境。

2. 多样的组织模式

英国高校创新创业教育组织模式可以分为两类：一类是商学院主导模式。这一类又可分为分离式模式、融合式模式和嵌入式模式三种。其中分离式模式的突出特征在于项目的负责者只有少数几个人，融合式模式的特征在于项目负责者为团队组织，嵌入式模式的特征在于系统专业化的范围比较大。另一类是大学主导模式。这一类又能分为大学嵌入式模式、大学主导模式和学院主导协作模式三种，也就是在已经存在的组织中添加创业教育活动，大学主导模式有独立的团队和组织负责创新创业教育活动，学院主导协作模式的创新创业教育是由参与的学院共同管理的。上述六种不同模式各有各的优势，其中大学主导模式创新教育比较有影响力，且自主性比较强，但是在实际的创新创业教育中，高校要考虑不同学科的特征以及学生的具体特点，从而合理安排相应的教育模式。

3. 专门的管理机构

英国科学创业中心和全国大学生创业委员会是由英国政府出资建立的，前者推动了英国高校的改革，让高校与企业之间的联系更加深厚，且让高校在社会经济增长、提高社会就业率等方面发挥了自己的作用；后者的职能是负责全国的创业教育。在这两个组织建立之后，英国也相继建立了多个高校创新创业相关的组织机构，这些组织机构不仅对英国高校创新创业教育的发展作出了巨大贡献，且与世界各国的名校建立了稳固的联系，形成了完整、巨大的互联网系统，为英国高校创新创业教育提供了帮助。

全国大学生创业委员会十分重视大学生创业素质的培养，并鼓励大学生自主创业，该组织的宗旨主要是：（1）为高校的创新创业教育提供理论知识，搜集各国各高校的创新创业教育案例分析资料，研究其中的规律。（2）帮助学校培养创新创业教育教师，提高学校的师资水平。（3）为高校大学生创业提供指导和培训服务。

4. 全社会参与的创新创业教育文化体系

20 世纪 20 年代之后，在政府的倡导和社会的支持下，英国已经形成了浓厚的创新创业氛围。

（1）地方政府以及非政府组织对创新创业活动的大力支持。地方发展局是地方政府为了发展当地经济、减少地区间和地区内经济社会发展进步不平衡而创建的一个半自治组织。该组织非常重视大学生的创业，它有公共资金支持，与高校和其他创业支持组织建立合作伙伴关系，提供各种项目，为学生提供资金、咨询和指导。与此同时，英国的很多智库和非政府组织也非常关注高校创业教育。工业与高等教育委员会由大学知名学者和著名企业家组成，致力于提升高校和企业界间的交流与合作，帮助大学生增强就业能力和创业能力，培养学生的创新创业精神。

（2）企业等组织对创新创业教育支持力度大。英国的大学自 20 世纪 80 年代高等教育改革之后，就与企业的交流日益密切。企业涉足大学的创新创业活动是一个双赢的过程，不仅使学校获得了资金、平台支持和成果转化渠道，还让自身提升了知名度，培训了员工，同时增添了企业活力。

（3）高校自身重视大学生创新创业教育。英国的大学将创业教育明确纳入大学的规划和政策之中，为创新创业教育的开展创造了有益的环境。首先，理念上重视，认同大学生创新创业教育的重要性和自身担任的责任；其次，高校制定了明晰的奖励制度并通过多种渠道获取创业资金；最后，充分发挥了大学科技园的作用并重视校友的作用，为学生搭建了良好的教育互联网和人际互联网平台。

三、其他国家高校创新创业教育概况

自从美国人发现了"创业教育"和"创业精神"这个美国经济奇迹的"秘密武器"之后，迄今为止，世界范围内的大学生创业热潮呈现燎原之势，创业活动和创新创业教育受到了各国的高度重视。创新与创业活动逐渐成为经济的推动力。20 世纪 90 年代以来，除美国、英国之外，日本、印度、新加坡、澳大利亚等国也纷纷将创新创业教育作为培养人才的战略，并积极转变观念，改变部署，大力实施创新创业教育计划。现将各国创新创业教育的发展以及先进教育特点和模式概述如下。

（一）日本模式

1. 日本高校创新创业教育的发展

20 世纪 90 年代初，日本泡沫经济破灭后，长期的萧条经济迫使日本寻求产业结构调整。由此，日本建立了科技立国的政策，鼓励高校创办研究开发型企业，目前已形成了"官产学联合"模式的国家创新体系。开展创业教育时，政府产业界和社会从不同方面为创业教育的开展创造条件，体现出了整个国家对创业教育的重视。1995 年，日本制定了《科学技术基本法》，极大地促进了创业教育的产生和发展。同时，科技立国的政策导向刺激了高校创业企业的涌现与发展。有的企业中甚至有 1/3 的教授或学生担任总经理，企业借助学校的科研力量，提高了科技含量，在取得经济效益的同时，又培养锻炼了人才。日本高校的创新创业教育是从 20 世纪 90 年代末期发展起来的，其最初的目的是培养学生成为企业家，刺激经济复苏，缓解经济危机带来的就业压力，属于功利性的创业教育。2005 年，日本人口首次出现负增长，同时面临少子、老龄化问题，构建基于青年人能力的教育框架和开展系统的创业教育成为摆在日本面前的命题，同时也成为应对时代发展的要求。在同年的世界竞争力年鉴报告中显示，日本创业精神在 60 个国家中排名倒数第二，这都促使日本将培养富有挑战精神的创新创业型人才作为国家的重要战略。

近年来，大学创业教育在日本呈现出高涨的势头。目前，日本的创业教育大体分为三个层次：分别是针对本科学生的创业教育，与行业协会和当地政府合作的创业培训，以及针对高中生的创业教育。

2. 日本高校创新创业教育的特点

（1）从文化上来看，日本的集体、忠诚意识，不提倡个人主义和冒险等文化，都使其创新创业教育与北美、西欧等国有很大不同，由此呈现出政府为主导、高校和社会为辅助的特点。

政府作为主力军，出台了一系列鼓励大学生创业的政策措施。比如，简化新公司申请程序，要求公立银行加大对大学生创业的融资力度，设立创业支援人才助成基金，资助创业企业雇佣的专业人才薪资等。日本高校不断更新教育、研究理念，加强了创业孵化器等基础设施建设；加强了与校友的联系；导入了双师型师资；开设了广泛的创业课程。社会各界处于辅助地位，主要集中于对大学生创业项目的风险投资。此后，企业开始以积极的姿态出现在校园并提供实习基地。许多中介机构在成果转化为产品的运作中扮演了重要的桥梁作用。

但日本高校主要还是以课堂讲授为主，只是充当了教育者的角色，与政府和社会的配合有待加强。

（2）具有地域性特点。为了活跃经济，实现地域经济的平衡发展，日本经济采取了内发式的经济发展方式，使得地域原有产业和新的发展空间给大学创业教育的开展提供了非常好的"基地"。比如大阪商业大学的创业教育理念是"培养有创业精神的创新型人才"，大学的发展目标是"为社会作贡献"，其学生有"扎根地方、学习地方、贡献地方"和奉献社会的责任感。

（3）创新创业教育体系有衔接性。创业教育在日本是一个从小学到大学的连贯体系。从学生一生的创新能力培养出发，在不同的阶段对学生开展不同形式的创业教育，为大学的创业教育打下了良好的基础。同时，日本的大学重视与中小学的校际合作。

（二）印度模式

1. 印度高校创新创业教育的发展

早在 1966 年，印度就提出了"自我就业教育"的观念。1986 年，政府在《国家教育政策》中就要求大学应当培养学生"自我就业所需的态度、知识和技能"。为了有效地解决经济和政治方面的双重压力，印度的大学与外界建立了广泛深入的联系，开始向"功能性的""以结果为导向的"创业型大学转变。

印度目前的高等教育规模仅小于美国和中国，而且印度人在美国硅谷创办的企业最多，34%的微软雇员是印度人，28%的 IBM 雇员是印度人。印度培养的大量的高校毕业生，一些很容易在大公司找到一份高薪工作，另一些却为找到一份工作而发愁。据印度的报告称，大量的劳动力处于自我就业或从事临时性工作状态，这都促使印度大学生产生了创新创业的需求。现在印度高校的学生创业意识渐醒，创业文化初显。比如：印度管理学院将"追逐你的梦想，而非一份工作"作为办学理念；印度政府也通过创建科技园、教育园和企业孵化器的方式推动创业型大学的形成。印度的大学基本上都建立了创业中心，能将师生的科研成果及时地与企业对接并完成转化。

2. 印度高校创新创业教育的特点

印度的创业教育多以岗位职业教育培训为内涵，以企业家的速成为目标。只有少数大学和机构提供创业教育的专业学历。其特点如下：

（1）课程开放，师资外化。印度的创业课程是与其他课程整合的。比如，加尔各答管理学院的创业课程设置在管理科目下；一些商学院设置选修课程并引入了课程大纲之中。印度经济发展中有家族企业的特点，因此部分大学的创业课程便迎合了这种特点，为家族企业创新、再创业服务。印度大学的创业类课程由本校教师和访问教授共同负责，分别教授理论和实践部分。师资的外化得益于印度长期以来形成的访问制度。

（2）理工院校的创业教育明显。印度加尔各答管理学院将课程设置体系化，并引入了辅助课程计划，通过创业项目孵化实践活动来开展创业教育。其创业中心每年都举办亚洲最大的国际商业计划书大赛，培养学生成为未来领导者的创业精神和实战能力。基于此，加尔各答管理学院毕业生有 30% 都成了创业者。印度理工学院是亚洲著名理工院校之一。校方设立 kanwalrekhi 信息技术学院，密切与工业界互动联系，重视创业教育教学，支持学生创建具有潜在价值的企业，激励学生的创业意识、创新精神和创业活动，洒下创业的种子。

（3）创业活动与创新结合不够紧密。印度是创业活跃的国家，据 GEM 观察报告，其活跃度排在 37 个国家的第二位。但与西方国家的机会型、技术型创业不同，印度大学生创业更多的是以生存型创业为主，创新很少。

（三）新加坡模式

1. 新加坡高校创新创业教育的发展

新加坡是亚太地区开展创业教育较早的国家，并且走在了亚太地区的前列。作为国家教育体系中的重要内容，创业教育已被纳入其社会和教育研究体系中。在新加坡，创业教育的发展与其经济的发展密不可分。作为一个岛国，新加坡土地不够广阔，资源少。因此新加坡在 1965 年独立之初就走上了工业化道路。在 20 世纪 70 年代，新加坡经济发展局（EDB）将年轻人送往美、法、德、日等国培训，进行学徒式的见习。此举帮助新加坡经济发展由劳动密集型工业过渡到了高附加值的资本、技术密集型和高科技产业的方向上。到了 20 世纪 90 年代，"全球化"战略成为其新的目标，新加坡开始不断寻找各方资源，创建工业园区，促进了从外部创造经济空间概念的形成，人们也逐渐开始寻找合适的创业机会。1997 年的金融风暴让新加坡意识到经济发展不能单靠跨国企业。于是，其政府大力扶持和促进本地企业尤其是中小企业的发展，因而采取了一系列政策举措鼓励创业活动；教育界也积极开展创业教育的研究，使创业教育得到了飞速发展。

2. 新加坡高校创新创业教育的特点

相对于欧美发达国家，新加坡高校创新创业教育起步较晚，但经历了跨越式发展，有自己的鲜明特色。

（1）鲜明的教育理念和政策环境。早在 1959 年，新加坡就确立了"发展实用教育以配合工业化和经济发展的需要"的指导思想，后来又确立了"教育必须配合经济发展"的教育方针，反对脱离国家需要或追求纯学术而盲目发展高等教育[①]。新加坡政府每年拿出至少 20 亿新币用于创新创业、风险投资和技术转移。新加坡高等教育文献保障系统显示：EDB 制定了多项优惠扶持计划促进创业活动的实施，创造了良好的创业环境。扶持计划包括新公司税务减免计划、企业投资优待计划等。

（2）国际化的创业教育体系。首先，其课程设置与国际接轨。新加坡大学为了适应国际化的需要，改革了课程，采取学分制，并不断更新课程设置及内容。例如，新加坡国立大学在国外与印度科学研究院、美国斯坦福大学、宾夕法尼亚大学、中国复旦大学和瑞典皇家技术学院合作创建了五个分院，所举办的学科专业都具有强烈的创新创业特征。这种国际化的跨国办学模式博采众长、融汇创新，形成了具有前瞻性和国际水准的课程体系。其次，教师队伍国际化。新加坡每年都安排教师到世界一流名校深造，以提升教师国际化教学水平。通过严把高校理工学院教师入口关，使得教师既有企业的锻炼经历，又具有高学历、高技术，在一定程度上解决了双师型教师培养的问题。

---

① 陆兴友. 高等教育：发展中国家的动态与前景［J］. 外国教育资料，1996，（4）：28.

第二节　中国大学生创新创业教育发展现状

一、我国大学生创新创业教育的发展历程

1998 年，我国部分高等学校开始逐步探索创业教育，重视开发创业教育的理论成果。在此背景下，《面向 21 世纪教育振兴行动计划》应运而生，该政策由教育部主导制定，强调要对大学生进行创新创业教育指导，对大学生创办高新技术企业给予一定的支持。1998 年，清华大学率先进行了尝试，成功举行了"清华大学创业计划大赛"，随后，其他高校纷纷效仿，出现了形式多样的创新创业大赛。1999 年，团中央、科协、全国学联密切合作，采取措施，举行了首届全国"挑战杯"大学生创业大赛，切实推动了大学生创新创业教育的发展。2000 年，我国举办了全国性质的高校技术创新大会，在这次大会上，教育部作出了重要指示，给予创办高新技术企业的大学生一定的政策支持，比如可以保留创业学生的学籍等。2002 年，教育部开始在高校进行创业教育试点工作，选取了全国 9 所著名高校进行初步尝试，由此进一步推动了大学生创新创业教育的发展。为了鼓励高校开展创新创业教育活动，国家不断推行相关政策，给予高校有力的支持。

2003 年，教育部高教司为了推动高校创新创业教育的发展，开办了"创业教育骨干教师培训班"，邀请国外著名学者来中国进行演讲，提升骨干教师创新创业教育理念。2005 年，团中央、全国青联与国际劳工组织为了使我国创业教育与国际接轨，在国内创办了 KAB 高校创业教育项目，进一步带动了创业实践教学的进步。当前阶段，大学生 KAB 创业基础活动已经在全国范围内普及开来。不仅如此，团中央、全国青联与国际劳工组织还建立了"KAB 中国创业教育网"的官方网站，高校教师和学生利用网站可以十分便捷地获取创业资讯、探索创业机会、分析和总结创业经验。

从整体上来说，我国大学生创新创业教育经过多年的发展已经取得了长

足的进步，其中最关键的动力就是国家政策的支持，国家政策的引导使我国创新创业教育迈向了新的阶段，不仅在宏观上规划了创新创业教育的发展方向，还微观制定了创新创业教育的标准，从试验单位逐步推进，建立了完善的培养体系和实践教学平台。

二、我国大学生创新创业教育的研究现状

我国大学生创新创业教育高速平稳的向前推进，在此过程中，相应的理论研究不断涌现。我国学者研究的焦点主要在创新创业教育方面，涵盖了开展创新创业教育的目的、重要性以及由此带来的积极影响，还包括以何种教学模式来推动创新创业教育的高速发展等内容。

在 google 中搜索"创新创业教育"，能够出现 6 万多条关于"创新创业教育研究课题"的查询数据。在 1994—2011 年的中国期刊全文数据库中，关于大学生创新创业的文章有 1 800 多篇，其中关于大学生创新创业教育的文章有 140 篇。在 2009—2010 年的中国优秀硕士学位论文全文数据库中，关于创新创业的论文有 9 篇，其中关于大学生创新创业教育的论文有 5 篇，大学生创业论文有 53 篇。

三、我国大学生创新创业教育的模式与特点

（一）三种大学生创新创业教育模式

我国高等教育体系中的创业教育发展时间较短，与中国的国情结合得不够紧密，建立的教育体系也不够完善，教育结构还有待进一步的调整。部分高校在创新创业教育方面进行了一定的探索，形成了一定的理论成果，但这些理论大部分都没有经过实际应用的验证，尚未形成具有典型示范意义的教育模式，创业教育模式比较零散。随着时间的推移，我国高校大学生创新创业教育不断进步，积累了一定的实践经验，由此高校逐步建立了三类创新创业教育模式。

　　第一类主要以中国人民大学为代表。中国人民大学看到了创新创业教育和素质教育融合发展的可能，将二者有机结合，并在开展教育活动时将课堂教学作为核心。由于第二课堂在培养大学生创新创业能力方面具有积极作用，所以中国人民大学将第一课堂与第二课堂相结合，共同促进创新创业教育的发展。将创业管理、创业精神和风险投资等相关的创业教育课程设置在第一课堂，鼓励学生在课堂上进行自由讨论，激发学生的创业精神，提升学生的创业理念，帮助学生掌握创新创业的理论知识。与此同时，将各类实践和教育讲座安排在第二课堂，拓宽学生的视野，丰富学生社会实践的经历，使学生在竞赛和活动中能够积极提升自身的创业能力。

　　第二类主要以清华大学和上海交通大学为代表。清华大学和上海交通大学注重对学生进行跨学科知识的培养，不仅要教会学生相应的理论知识，还要培养学生的创新精神和实践能力，使学生成为综合性人才，这是因为综合素质的提升是大学生进行创新创业的基础。这种教学模式对于培养创新型人才具有积极意义。上海交通大学一贯坚持素质教育、终身教育和创新教育融合发展的理念，注重调控创新创业教育的转型方向，即从专才教育转变为通才教育，传授转变为主动学习，在此基础上建立创新人才培养体系的框架，确定创新人才培养体系的内容①。经过多年的实践，这种多层次、多形式的教学模式已经取得了一定的成效，众多创业企业得以成立。清华大学的创新创业教育课程独具特色，依托于社会实践活动，积极开展形式多样的创业竞赛，有效推动了创新创业教育的发展。

　　第三类主要以北京航空航天大学为代表。北京航空航天大学在校内建立了"创业中心"等专门的创业人才培养机构，在高校教学体系中设置创业课程，全方位提升大学生的创业能力。这种教学模式特点在于专门针对创业技能进行培训。北京航空航天大学不仅创办了专门研究创业教育的创业管理培训学院，还成立了300万元的创业基金，学生的创业项目经过评估后可以申

---

　　① 李敏义. 创业教育与创新型人才培养［J］. 教育，高教观察，2007，（1）：42-43.

请这部分的创业基金作为初始资金。另外，北京航空航天大学还建立了科技园区和科技孵化器来推动创新创业教育的发展。

（二）我国大学生创新创业教育特点

（1）政府非常关注大学生创新创业的发展。为了有效推动大学生创新创业教育的发展，各级政府积极制定相关政策，采取一系列举措来鼓励大学生创业，培养大学生的创业理念。

（2）课程设计初步形成了完整的体系。教育部将《创业基础》纳入高校必修课程。为了推动创业教育和培养创新人才，部分高等教育机构设置了囊括理论和实践的多样化课程，举例来讲，在北航创业管理培训学院中，教师需要教授学生创业管理、创业企业设立及研发等课程。创新创业教育在教材方面也取得了一定的进展，教材建设初具规模。

（3）教学方法形式多样。创新创业教师在授课过程中会根据学生创新创业水平和课程内容选择合适的教学方法，比如案例研究法、互动学习法、角色模拟法等，以此激发学生的创业兴趣，培养创新创业人才。

（4）创新创业教育项目化。中南大学制定并实施了《大学生创新教育计划项目管理办法》，上海交通大学为了保障创业学生的权益制定了《学生创业手册》等。

四、我国高校大学生创新创业教育存在的问题

（一）创新创业教育理念缺失

我国的创新创业教育当前处于探索、尝试的初级阶段，尚未得到全社会的认可和高等教育机构的接纳。传统思维方式和观念给创新创业教育带来了一系列的不利影响，使得大学生创新创业意识薄弱、创新创业教育理念缺失、创新精神匮乏、创业实践能力不足等。在创新创业教育方面，部分学生和家长追求稳定，导致整个社会对创新和创业的忽略，没有形成浓厚的创新

创业氛围。从高校层面来讲，开展创新创业教育只是为了解决当前的就业难问题，主要目标并不是要长期的培养高质量的人才。这些理念的缺失使得高校过于注重创业大赛的成绩，也可以这么说，这种做法实际上是一种功利性的创新创业教育观念。

（二）政策支持的执行力度不够

伴随着越来越激烈的国际竞争和越来越快速的时代发展，大学生的就业形势也越来越严峻。为了推动创新创业教育的发展，国家制定了一系列的政策，鼓励大学生积极投身于创业浪潮，采取自主创业的方式，进一步调动大学生创业的积极性。尽管国家制定了很多针对大学生创业者的优惠政策，但是开展创新创业教育还是需要高昂的成本，政府很难为高等教育机构提供大规模且有效的创新创业教育资金援助。

（三）创新创业教育与人才培养体系脱节

目前，我国的创新创业教育主要是以课外活动和讲座的方式进行的，这些活动更加关注实际操作和技能培训，与传统的人才培养体系并未很好地融合，在实施过程中，创新创业教育与专业学科教育存在脱节问题。课外活动和讲座的形式是将创新与创业简化为技巧和操作，忽视了创新和创业能力的深层次基础；另外，局限于操作和技术层面的创新创业教育是一种比较狭隘的教育理念，同样缺乏必要的理论指导，这种做法必然会使创新创业教育陷入盲目模仿和复制别人经验的误区。创业教育应该深深植根于专业教育，因此改革现有的教育体制和教学内容迫在眉睫。

（四）创新创业教育学科边缘化，课程体系不完善

目前在我国高校，创新创业教育并不是主流教育体系的组成部分，它或是包含于技术经济学科，或者是包含在企业管理学科中，并没有明确的专业定位。

　　由于学科边缘化，大学生创业教育被很多人当成是企业家速成教育，也就是培养"学生老板"。同时高校的创新创业课程比较零碎，缺乏作为一门学科的严谨性和系统性。高校大多没有系统的创业课程群，只是属于"职业规划""就业指导"之类的系列讲座，而且就连讲座也没有固定的安排与系统的规划[①]。

（五）创新创业教育环境有待改善，资本市场支持不力

　　当前中国的创新创业环境评价不高。虽然社会开始在宣传创新创业的理念，但是引导力度不够；高校中宣扬大学生吃苦耐劳的精神较多，而勇于承担风险、开拓创新的氛围远远没有形成；高校管理者和教师对创业者的宽容、尊重和支持不够；风险投资在国内发展虽然很快，但针对学生创业的投资较少，大学生创新创业可利用的外来资本更少。

（六）创新创业教育师资力量欠缺

　　教育师资是创新创业教育课程教学的关键所在。大学生创新创业教育涉及知识较多，综合性和实践性都很强。它的课程以行动为导向，实际经验引导的体验多于传统概念规则的讲授，所以教师应当兼具较高的理论知识和丰富的创业管理经验。同时对教师的教学方法也提出了新的要求。

　　目前开展创新创业教育的高校教师大多缺乏企业管理和创业的经验，有的只是接受了短期的培训，讲课内容重在理论分析，无法真正培养学生的创业意识和能力。当前，我国创新创业教育的师资力量主要来自学生"就业工作"的行政部门和"商业教育"的教学或者高校辅导员。有的高校聘任了一些成功的企业家与创业者担任兼职教师，但是在组织协调、资金支持和制度保障方面存在严重不足，加之聘请的部分企业家、创业者缺乏实际的教学经验，因此教学效果难以达到要求。

---

① 李小娟. 大学生创业教育现状的追因与反思［J］. 教育与职业，2008，（15）：152-154.

第三节 中国大学生创新创业面临的机遇与挑战

一、大学生创新创业面临的机遇

（一）技术机遇：网络科技提供信息基础

近年来，中国互联网科技呈现跨越式发展态势，为诸多产业发展创造良好机遇。同样，亦为高校学生创业提供新的契机。一方面，高校学生紧抓互联网这一趋势，积极参与互联网在线创业，突破传统实体创业模式，取得显著成效。另一方面，高校学生利用互联网便利性，具有更加宽泛的就业渠道。此外，云计算、大数据技术亦为高校学生创业工作提供诸多便利，为高校学生提供创业技术基础。在一定程度上而言，在互联网技术的推动下，创业门槛有所降低，这也有助于强化学生创业信心。学生可将自身的创意、兴趣，利用互联网在线创业平台，将创意、兴趣现实化，这能够避免学生盲目创业或由于创业形式局限而导致自身信心不足。

（二）政策机遇：良好政策提供形势保障

现阶段，国家为缓解高校就业压力、推动创新发展，出台诸多利好政策，为高校创新创业提供强力支持。政府部门通过各类政策扶持学生开展创业，并提供经济、教育指导。贷款政策方面：国家规定符合大学生自主创业条件，可于创业地申请贷款。税收政策方面：国家规定持有高校毕业创业证明的毕业生，可在 3 年内每年 8 000 元为限额抵扣各类税额，特殊行业不包括在内。行政收费方面：国家规定符合大学生自主创业条件，可在两年内免除管理类、登记类、证照类行政费用收取。服务政策方面：国家规定创业学生可向创业地申请户口落户；并对存有创业机遇的高校学生提供创业指导服务。

（三）制度机遇：制度合理提供优质教育

高校在国家"创新创业"战略推动下，通过构建科学教育机制，为高校学生提供优质的创业教育。首先，多数高校针对创新创业划拨经费，强化创业师资队伍，通过组织校内教师集训、聘请社会企业管理人员加入，加强教师有关创业教育的专业水平。其次，高校在校园内部开设创业基地，为高校学生提供创业场所，继而组织多种形式的创业讲座，为学生开展创新创业提供强力制度保障。最后，高校方面具有的科研水平为学生提供科研制度保障。许多高校建立科研转化机构，并设立无偿学生使用制度，通过自身科研产品研究为学生提供产品创业创意支撑。

二、大学生创新创业面临的挑战

（一）创业项目方向不明

传统教育模式长期影响下，多数学生在高校阶段旨在完成学业，创新思维、创业主观思想不足。加之学生长期生活在校，对于社会现状知之甚少，缺少社会经验。此背景下，极易导致学生在创业时产生盲目自信心理，即使偶然寻取合适创业项目，可能由于无法科学评估造成创业失败。此外，高校虽然给予学生充分、全面的创业理论教育，但从实际而言并未就具体创业项目作出详细规划，无法依据学生思维构建合理的创业项目规划，导致学生创业项目方向不明。

（二）创业启动资金短缺

学生开展创业活动需要资金作为运营基础，然而从实际状况来看，多数学生由于项目资金短缺放弃创业。一方面，政府、高校创业资金支持匮乏。虽然高校、政府方面为学生创建创业资金项目支持，然而由于资金数量较少，难以满足学生需求，所以导致诸多创业项目因此搁浅。另一方面，家庭资金支持不足。大多数家长认为学生毕业直接入企就业即可，对于学生创业并不支持。在资金方面给予支持力度较小，致使学生创业项目夭折。

（三）创业保障力度缺失

从学生创业现状来看，制度予以学生创业保障力度仍有缺失。首先，政府创业配套政策保障力度不足。对于高校学生创业而言，需要在各类资源方面予以优先供给，并在多方面给予政策保障。但是在资金、保险、人才方面的制度保障尚未显现，致使学生创业实践遭遇困境。其次，政策执行监督力度不足。最后，普通创业项目保障不足。对于高校创新创业园而言，并非所有创业项目均可加入并获取多方资源保障。受限于场所、资金，诸多相对优秀的创业项目并不能获取合理保障，在一定程度上打击了学生创业积极性。

第四章　大学生创新创业教育
模式与教育体系

创新创业逐渐成为每个人积极进取、实现自我价值的方式，同时也是国家提升综合国力的重要力量。本章主要论述大学生创新创业教育模式与教育体系，详细介绍了大学生创新创业教育模式和大学生创新创业教育体系。

第一节　大学生创新创业教育模式分析

随着社会的改革发展，我国面临很多新的挑战，其中一个重大问题就是怎样应对越来越严峻的就业形势。要想处理好就业问题，关键是要推动创新和创业。高校应该开设创新创业课程，讲授理论知识及实际应用，并积极构建教育模式。

一、构建大学生创新创业教育模式的探索

（一）创新创业教育理论内涵

创新创业教育是指培养学生创新思维、创新意识、商业策划、资源整合及团队合作能力，使他们具备创新创业素养的教育。创业分为广义和狭义，广义涵盖了初级企业的建立、发展以及在企业内开展创新创业活动等；狭义的创业是一种经济行为，旨在通过制造和抓住商业机会，创建新的企业，其

目的是提高企业的利润。创业具有创新的性质，在此过程中，人们创造了有价值的新事物。这既能实现企业家个人的价值，还给竞争市场带来了实实在在的益处。大学生创业实践是一个关键内容，可以提升大学生的素养，例如创新素养和创业素养。

大学生的创新创业涵盖多个方面，包括但不限于产品创新、销售创新以及制度创新。当创新资源丰富、创业空间足够时，创新者会转变成创业者，将想法变成现实，实现创新到创业的转换。因此，创业的成功或失败在很大程度上取决于创新能力的提升。

（二）构建大学生创新创业教育模式

大力构建大学生创新创业教育模式既可以调动其创新创业的积极性，还能让学生巩固创新创业理论基础，营造创新创业教育文化氛围，进一步建立能够促进我国大学生创新创业发展的教育管控机制。

1. 创新创业意识培养——萌芽阶段

在大学的前两年，创造浓厚的校园创新创业气氛来促进学生学习，可以采用渗透式的方式来提升学生的创新创业能力。还可以利用不同的方式，如入学讲座、课程形式、职业发展、社团活动等来调动大学生创新创业的兴趣，培养他们创新创业的心理素质，让他们有创业的欲望并且付诸行动。这个时期是创业教育的起点，并且对未来大学生创业是否能够成功有着至关重要的作用。详细来说，可以从以下两点来开展工作：（1）利用创业竞赛，增强大学生对创新创业的欲望；（2）在大学生中普及创新创业教育，建设并宣传专门的网站服务。

2. 创新创业素质提升——培育阶段

在培育阶段，详细讲解创新创业的内容，增强创新创业的才能，帮助有志于创业的学生全面提升其创业素质。有目的性地为具有创业想法的学生提供培训课程，并为他们之后的创业发展预先做好计划，这个阶段要安排在大二、大三的时候。在这个阶段，使用的是综合方式，需要同时重视有效性和实践性的教育。一方面，提升创业理论水准，通过创业选修课及培训班来增强经营管控的能力，了解最新的创业走向，增加课程讲解时长。另一方面，参加不同的实践训练来增强创业技能，进行大规模的创业教育教学。此举旨在激发学生的创新思维、创业意识和开拓精神。

3. 创新创业实施成长——孵化阶段

在该阶段，创新创业教育应该为大学生提供能够促进创业的全部资料，比如国家宏观政策、科技进步和劳动就业等方面的资料。大力支持创新创业的学生，协助他们开展创业并为毕业生进入社会打下坚实的基础，确保他们得到社会的认可。为此可以借鉴以下方法：（1）校企协作，将产业和学院联系起来，从而让学生顺利创业；（2）利用校园创新创业孵化园区，加速学生创业的进程；（3）建立全面的评价体系，推进大学生创新创业教育的优化与提升。同时，持续探索更多创新创业教育模式，提高其质量和效果。

创新创业教育对于国家、地方、高等学校、社会以及个人都有着极为关键的作用。大学生创新创业机制的建设得到了中央和地方政府的政策支持，也得益于高校、企业和社会的踊跃参与，从而在政策和机制方面得到了保证。此外，开展创新创业教学、加大大学生对创新创业的关注、满足创业型社会的需求并不是轻易就能取得成功的，它有很多艰难且复杂的步骤，因此需要建立一个符合我国基本情况的创新创业教育模式。

二、构建大学生创新创业教育"四维联动"模式的策略

创新创业教育是为了培育创新创业型人才而开设的一门理论和实践课程。它将融入大学生的学习中，贯彻整个教育实践过程，并用其思想和理论来建设人才培养模式及实践教学体系。高校创新创业教育的目的是培养学生敢于探究、革故鼎新的创新意识，以及支持他们的创业活动，此外，还应提升大学生自主创业的能力。落实国家教育发展策略，大力推进大学生创新创业教育，激励大学生自发创业，这些都是增强大学生就业竞争力和潜力的关键手段。

目前我国大学生创新创业教育的发展还在起步时期，政策环境还不太成熟，社会对此的认可度仍需提高，教学形式也要进一步改善。这要求教育工作者在日常工作中需要持续探究，加速完善教育工作。例如，河南农业大学机电工程学院不断引导大学生学习创新创业的知识，在此过程中总结出了"四维联动"模式。该模式涵盖学院内涵发展、师资队伍建设、创新创业基金运作和创新创业平台建设四个方面，其中，内涵发展是引领，师资队伍建设是基础，创新创业基金运作是保障，创新创业平台建设是支撑。

（一）以内涵发展为引领，进行人才培养模式改革

我国现今应用的人才培养模式是根据固定的培育计划，来制定教育教学目标，以使大学生掌握专业性知识和一般性知识。然而，这种模式的应用会压抑学生的创新思维，在宣传"宽口径""大教育"的背景下，人才培养模式普遍存在同化问题，因此，该模式已经不能满足现代社会经济迅速进步、各行各业对人才日益增长的需求了。所以高校要进一步强调内涵发展，其中提升人才培养素质和科技创新能力是关键，要充分展示学科的长处，并积极贯彻"专业基础厚、创新能力强、综合素质高的复合型人才"的理念，注重其教学方式和讲课纲领，以及推动教育机制的发展，以培育满足社会要求的应用型人才为重点。所以，必须进一步改革课程体系和人才培养模式。为了促进创新创业的发展，高校的第一任务就是明确课程体系以及它在教学中的重要地位，了解创新创业教育与实际活动的不同，同时高校各个专业要推出创新创业培育规划，以此建设完整的创新创业教育课程体系。根据大学生的学科背景、年级、爱好等因素，提供丰富的、有目的性的教学内容，以便更好地帮助学生取得最佳学习效果。大学生应该在学习专业认知的同时，注重提升人文素质，实现知行合一，成为全面发展的人才。为确保大学生创新创业教育课程的教学效果，教学评价工作不可或缺，可借鉴其他专业已经成熟的评价形式来开展课程评价。

为了达到学生的要求，高等教育需要将创新创业的不同模块，如创新素

质和创业能力，融入课程体系，此课程体系应该包括多种不同形式的实践活动，并且要依据个体计划和集体专题的方式去进行分层教学。"卓越工程师教育培养计划"采用了"教、学、做"一体化的模式，以素质教育为重点，旨在培育具有创新意识和操作技能的人才，此计划还将创新创业教育加入其中，以完善人才培养计划，引入不同学科和专业的创业课程。高校根据基本教育体系，设置创新创业选修课程。同时，针对大学生职业计划和就业引导，设立"人文大讲堂"，邀请优秀毕业校友，开展正能量课程，讲解创业可能遇到的不同问题；根据每位学生的特点和需求，针对性地制订培养计划。

为了提升学生的创新创业能力以及增加其认知，课内教学和课外实践应该紧密结合。而实现这一目标的第一步就是拓宽学生的视野，让他们了解创新创业所涉及的各种相关知识，其中最重要的是人文、科学和心理素养知识。在学校里，倡导教师采用探讨和沟通以及互动的教学方式，体现教师的引导作用及增强学生的自主创新能力，让教师在启迪学生灵感的同时，又让学生主动学习，传授学生探究的技巧和策略，指导学生探索新的思想和寻找新的方向。

制定模块化的课程系统，并借鉴国外出色的创业教育理念来帮助学生掌握创业思维。此外，将课程设置与办学特色、就业需求有机结合，开发多层次、易实践的模块化课程，重点针对那些具备创业技能及创新兴趣的大学生，全程引导他们处理有关创业的问题。

（二）以师资队伍建设为基础，打造"工程化"教师队伍

高校教师在高等教育教学和学生能力培育中扮演着至关重要的角色，他们既是知识的传授者，也是大学生的指路者。现今，很多高校没有足够的教师去讲解创新创业知识，大多数都是由行政教师担任授课教师。因行政教师本身也需要处理其他工作，所以就出现了课程系统松散、教学主旨缺乏完整性、讲课形式不够流畅等现象。19世纪美国教学模式的《耶鲁报告》表明：大学应提供广泛的基本知识，而非专门培养某一行业的佼佼者，强调了基础

教育的重要地位，否定了专业选修课的特色培育。20 世纪 30 年代，哈佛大学对教育形式的优劣进行了探讨，并对课程和教学方式展开了大规模的改革，确定了"集中与分配"的选修标准。此外，明确导师引导准则，为学生提供必要的支持，以确保他们所选课程在学校的正常教学计划之中，同时也要保障学生的选课权。这样可以平衡学校教学计划和学生自主学习的需求。

成功进行创新创业教育的前提在于建立一支优秀的师资队伍。当前，高等教育需面对不同学生的多样化需求，包括整体需求、个性化需求和特征需求，因此，需要尽快建立分层和专门的"工程化"师资团队。

利用协同创新平台将学术研究思想和企业产出理念融合起来，建立产学研一体化模式。这种模式可以确保创新创业师资队伍具备"工程化"的素质。通过创新校企合作模式和建设创业园、高新技术产业园等实际项目，为教师提供实际训练的机会，提升教师的实践能力。教师也可以依据实习与企业协作来获得创业经验，详细了解生产实际。还应利用社会力量，吸纳具有创业经历和相关学术知识的人员，例如邀请杰出企业家开展讲座，进行学术理论探讨和案例研究，使他们了解学校的创业教育且给予评价。这样，学生可以通过近距离的沟通和引导来学习创业知识，提升自我创业技能。

（三）以基金运作为保障，完善创新创业教育服务体系

大学生创新创业主要通过政府资助、财政补贴、企业风险投资、社会捐赠等途径获得资金支持。可以成立能够覆盖所有大学生创新创业的基金会，组建对应的基金管控和评审机构，对符合要求的创业项目提供启动资金。同时，采用适当的考核制度，涵盖项目中期评价及项目结果验收等，精准分配项目基金。从最终收益里抽取部分利润用于之后的发展，明确投融资的准则。

完善大学生创业服务体系，设立媒介服务及企业交流渠道，为创业者开通小额贷款通道；利用政府的优惠政策，为大学生提供创业咨询，以充分发挥政策的作用；给予创业大学生人力资源代理服务，确保他们享受到相应的劳动保证和社保补贴政策，以及税费减免等优惠政策。与此同时，制定科学

合理的竞争、限制、鼓励准则，以帮助创业者更好地开展业务。

（四）以平台建设为支撑，营造创新创业特色校园文化

建立资源充足的创新创业教育平台，如创新创业课程平台、创新创业实践平台、创新创业竞赛平台和以创新创业为特色的校园文化活动平台，增强学生创新创业素养和技能。

创新创业课程平台的主要目标是通过模块化系统，帮助学生获得创新创业的能力及认知，涵盖创新形式、计划以及财务、法律等方面的知识。为了促进产学研一体化，大力建设创业园区、集聚区、基地，鼓励学生踊跃参与学校举办的创新创业赛事，在学校里开设有关创业交流的协会，并推动大学生创新创业团队的发展，积极举办各式各样的创新创业活动，比如学术展示会和"校友创业"互动会等，以加强学生求真务实、团队协作等精神，打造具有创新创业特色的校园文化风景。在建立创新创业平台的时候，展示大学生在构思、实践和比赛等方面所积累的经验和成就。为有创新创业兴趣的学生，搭建优质平台、提供良好楷模、指引正确方向，用心地帮助他们实现创业梦想，完善大学生创新创业的支持体系。

为了建立综合的创新创业教育体系，必须引用新的教学观念，以内涵发展推动教育的发展，增强学院教师团队的力量。此外，还应调整使用基金的标准，搭建创新创业教育的活动平台，提升学生的操作能力，以及活跃校园特色文化气氛。使用"四维联动"时，还需注意以下几点：第一，了解导师对创业的关键性；第二，制定校企协作交流的机制；第三，结合创新创业教育、素质教育和专业教育，解决创业相关问题；第四，采用模块化的教育方法，规定平台应用准则以及熟悉产学研的各个环节，提升大学生创新创业的成功率。

"四维联动"模式首先要达到大学生创新创业的要求，它的关键点是彻底改变以往的教学模式，创造具有现代理念的课程，借鉴企业管理方式，使校企之间紧密联系，举办创新创业教育基金投资会，促进创新创业教育与专

业教育的融合，激发学生的创新兴趣，开拓他们的创新思路，不断增强他们的创新创业能力。

为了实现"四维联动"模式的有效应用，我们还需要确定一套制度完善、效果显著的创新创业教育系统，并归纳整理创业教育的相关资料。同时，高校需要发展优势专业，选择最佳的人才培养模式，以适应当前社会的需求。创造一个优越的创业环境，组建一个"工程化"导师队伍，他们不仅拥有卓越的教学探索素养以及创新意识，还具备丰富的创业知识和经验。

三、大学生创新创业教育基市模式和路径选择

在创新创业教育中，创新是创业不可或缺的条件和核心，而创业则是体现和实现创新的关键途径和方式。为了有效促进大学生的创新创业，高校应重视顶层设计，建立客观科学的模式，并根据创新型人才培养准则、高等教育革新走向及大学生的实践情况，改变理念、拓展思想、明确定位与敢于实践。此外，应有目的地建立创新创业教育的应用系统，探究出可行的新渠道。

（一）创新创业教育的开展模式

在大学教育和人才培养模式的改进过程中，创新创业教育是必不可少的，其宗旨是培育具备创新创业兴趣、认知、技能的高素养人才，不断完善创业创新教育的形式和准则等，改进高等教育教学和人才培养模式。高等院校在进行创新创业教育时采用的模式如下。

1. 与就业指导相结合的附属模式

就业是大学生必须要面对的现实选择，高等教育的一个关键职能就是帮助大学生成功就业，而当前就业形势不容乐观，因此高校需重点培养学生的就业技能。在实践中，大部分高校将创新创业教育与学生就业指导有机结合，以此为基础进行一系列的创新创业教育活动。就业指导和创业教育在某种程度上是相互关联的，因为创业可以被视为自主就业的一种方式。通过培育学

生成为创业者，不仅可以缓解就业问题，还可以通过创业活动制造就业岗位，达到创业协助就业的战略目的。这种模式是将创新创业教育融入学生就业指导工作中，旨在巩固创业在就业中的地位。

2. 与专业教育相融合的渗透模式

这种将创新创业教育与专业教育有机融合的新型教育渗透模式，目前仍在探究实践的起步时期，在各教学程序的实行上仍面临许多的挑战。创新创业教育模式应以专业教育为基础，根据专业人才培养目的来进行教育活动，从而创建满足专业培养需求的创新创业教育模式。所以，高等院校的创新创业教育应与专业教育结合，不仅能够教授专业知识，还能利用灵活的手段来激发学生的创新意识。

3. 与实践教育相结合的互动模式

创新创业需要亲自动手实践，它对创业者有很高的要求。现今高校已充分意识到创新创业教育的关键性，所以在举办创新创业比赛的时候，更加重视发挥实践程序的效用，以提升学生的动手能力，增加他们的亲身经历，培养学生的创新创业技能。

4. 与素质教育相结合的包含模式

创新创业教育应该面向所有的大学生，而不是只针对个别学生。教育的目标应该是激发大学生的创新创业潜力，而不是仅仅让他们具备创新创业意识。在实现素质教育目标、调整经济结构的大环境下，创新创业教育是一种新思路，也是高校人才培养模式不可避免的发展方向。

（二）创新创业教育的路径选择

根据创新创业教育现状，需仔细思考以下几点，以优化创新创业教育的路径选择。

1. 建立全新的创新创业教育理念

创新创业教育的实施，首先要确定全新的理念。一方面，在进行创新创业教育时，高校需将之纳入人才培养的整体规划中，并从培养创新型人才的角度全面考虑，根据人才培养计划开展顶层设计。建立一致的教育范式和架构，以便促进创新，并采用经过详细论证的创新创业教育方案，以确保其目的性和有效性。另一方面，高校应结合学校的现状和特色，将创新创业教育的所有步骤、系统，整理到人才培养的综合计划中，统筹各部门的职责，完善教育教学的方式和多个程序。为了激发学生的创新创业潜能，高校应采取一系列措施，包括开展创新创业基础课程、宣传创业思想、组织相关座谈等，让学生能够全面接触并学习创新创业方面的知识和技能。为学生提供种类丰富的选修课程，旨在引导他们进行创业，并提高他们的实践能力。

为了在创新创业教育中切实有效地培养学生的创业意识、素质和能力，建议采取一系列有机衔接的教学方法和政策措施：首先，开展先导性的创业教育，激发学生的创新创业热情；其次，建立体系性的课程群，全面培养学生的创业素养；最后，提供鼓励性的创业支持策略，集聚创业实践人才以及应用全新的工作理念。

2. 整合资源，建立健全组织机构

很多大学制定的新工作准则，是将校级和院系的资料归纳在一起，这形成了由校级带领、院级辅助的工作模式。换言之，学校增加了负责大学生创业教育的组织，该组织通过特设的机构，管控有关大学生创新创业教育的种种工作内容。各学院依据本学院的专业优势，给予学生创新创业实际指导。这样能使学校和学院相互补充，在教育模式上实现全面而有针对性的发展。

3. 构建合理的创业教育课程体系

高校将创业教育课程纳入就业指导内容中，并将其知识融入指导学生就业的课程中，这种创业教育课程通常只涉及基础知识，往往不到 4 学时，只是让大学生了解创业教育的基本概念和一些关键知识点。还有一些大学也在探究如何将创新创业教育融入就业指导中，方法就是将创新创业教育的内容融入课程中或独立开办院系选修课。

目前，许多大学以选修方式开设创新创业课程，部分大学推行了诸如创业基础、创业起步与发展等选修课，这些课程采用了国际劳工组织的 KAB 和 SIYB 培训方案。还有某些高校（例如中山大学、温州大学等），对创业教育给予了高度的关注，推动了创业教育课程体系的发展。该体系旨在为从事创业的学生提供创业教育课程，讲授有针对性的课程内容，以达到学生的创业要求。通常创业课程的老师都是由管理院系的教师来兼任讲解工作。

4. 组建优秀的创新创业教育师资队伍

为了增强创新创业师资队伍的专业素养，将采取集中管理、强化创业教育课程探究等措施，来优化高校师资队伍的构成和管控准则。从师资队伍的来源来讲，大部分高校创业教育师资是以自身教师为主，此外还会邀请企业家、相关专家等来进行经验分享讲座。

5. 成立大学科技园或创业（孵化）基地

在创新创业教育的过程中，实践活动非常关键，而实践活动能够通过创业孵化中心等来举办。从 1999 年起，科技部和教育部就一起规划了国家级大学科技园建设方案。这些大学科技园已建成十多年，现已覆盖 100 多所高校，分布于 20 多个省、自治区和直辖市，现今大学科技园致力于推动大学生创业实习，且给予相应的服务和资源。学校依据科技园的特色，制定了专门的机制和服务制度，并提供不同的引导服务，以支持大学生的创业。

近年来，越来越多的高校创建了大学生创业基地（也称创业孵化器），旨在为大学生创业实践提供支持和服务。该模式的核心是学校提供独立的场地并创建大学生创业园区，来进一步提升创业成功的概率。

6. 开展多种形式的创新创业教育活动

高校应开展创新创业教育活动的推广工作，营造踊跃热情的创业氛围。高校可以通过学校网站、公告栏等推广媒介及沟通平台，传递和分享创业认知、创业经历，并且倡导创业文化。此外，举办大学生创新创业活动，组织"挑战杯"和"创业计划大赛"等不同的创业比赛，让大学生获得更多的创业实践机会。

四、高校大学生创新创业教育新模式

（一）当前大学生创新创业教育的困境

1. 高校对创新创业教育的认识不到位

创新创业教育是高校教育的重要组成部分，但许多高校并未充分认识其重要性，大多数大学仍没有将创新创业技能的增强作为大学教育的一部分，创新创业教育常常被特权化、形式化处理。我国相较于西方的一些国家，创新创业教育的开展比较晚，比较缺少大学生创新创业这方面的认知。

2. 学科体系不完善，创新创业教育形式化

我国高等教育的课程中很少涉及创业知识。尽管许多学校已经开设了创业教育的课程，但教学方案和模式太落后了。部分学校仅设立一门与大学生就业指导或创业管理相关的课程，该课程往往是从学校企业管理课程中转换而来的。这些课程提供了更多类似海尔、微软等大型企业的成功和失败案例，但实际上，大学生创业大多涉及的是小型企业。

此外，尽管许多大学已开始推行创新创业教育，但仍着眼于引导学生参加创业比赛，缺乏完整、有效的创业实践体系，这导致学生创业能力和素养的提升效果并不理想。

3. 师资不足导致创业教育偏理论化

现今，高校就业指导大部分是由从事管理课程的教师负责的，在教学中往往会讲解就业形势以及求职技能。这类教师缺少创业经验，在开展学生创业培训的时候，他们更多地依赖纯理论的讲解，而缺乏实践的真实见解，这可能会陷入"纸上谈兵"的窘境。在创业教育中，实践经验是非常重要的，只有通过亲身实践才能真正理解创业的核心和本质，仅仅死记硬背并不能带来深刻的领悟。与此相对的是，美国创新创业教育通常邀请校外具有成功创业经验的人来担任兼职教授，并采用不同的教学方式，所讲案例都来源于现实，能够让学生亲身感受创业过程。

4. 大学生自身问题导致创业成功率低下

大学生通常较缺乏经验、资金和法律等相关知识，且目光常常过于远大。这些问题都降低了他们创业的成功率。成功创业不仅需要好的创意，更需要有足够的资源支持，包括技术、人脉、智力、资金等方面。如果仅凭想法草率创业，成功的概率非常低。

据此，应该创建一个全国性的大学生云创业平台，以推进大学生创新创业教育，尤其是在中国高校专供网建设的背景下，这个平台能够帮助大学生创新创业，为他们创造更多的机会。

（二）云创业平台的概念

云创业平台是一种基于云计算技术的创业支持平台，将计算和资源分散在分布式计算机上，为创业者提供便捷、高效、可靠的云端服务，帮助他们在创业过程中减少成本、提高效率、实现快速发展。其本质是利用互联网技术进行资源整理和归纳，就像是把零散的水珠凝成云朵，使原本散开无序的资源变得更有利用价值。

云创业与大学生自主创业具有明显的区别。大学自主创业指的是大学生利用自身能力，在具有约束性的空间下依据自己或团队的能力开展创业竞赛。云创业平台可以在网络环境下给予大学生创新创业所需的多种服务。可以利用"云凝聚效应"将小型创业团队汇聚到一个规模较大的服务平台中。在这个平台上，创业者能够得到大力支持，从而进行创业活动。通过云创业平台，创业者能够不受时空约束，利用云技术满足企业需求、搜寻投资资源等服务信息，并获得反馈。这种虚拟服务可以有效地辅助实体经济。通过云创业平台，科研机构、中介机构等将联合成为一个服务联盟，借助云技术给予中小创业企业优质服务和资金扶持。在大学生云创业平台上，金融风投、生产企业以及教师辅导站等汇聚在一起，帮助大学生处理创业过程中遇到的各种问题，比如资金、宣传等各种影响到创业项目成功的难题。

第二节　大学生创新创业教育体系分析

一、大学生创新创业教育体系的构建

人才是民族复兴、国家兴旺发达的动力之源。建设创新型国家是我国当前建设社会主义的重要战略，这一战略要求我们为此培养大量的创新型人才。高校作为人才培养的摇篮，需积极响应这一战略，加强大学生创新创业教育，并构建完善的教育体系。

（一）构建大学生创新创业教育体系的意义

大学生创新创业教育不是简单地教会学生几个职业技能，而是从实质上培养其创新创业的意识、思维、能力和综合素质，其教育体系的构建无法一蹴而就，需要长时间开展，需要调动和协调多个主体。它不仅关系着国民经济和国民整体素质的发展，还能够直接促进相关主体的长效发展。

1. 有利于推动高校育人模式的改革

尽管改革开放政策已实行多年，但是高校还未从根本上形成以市场为导向的育人模式，尚未彻底摆脱计划经济的影子，不同的高校在同一甚至相近专业上的培养模式基本一致，培养出的人才千人一面。高校从教学理念到教学手段仍旧采取以知识传递为主的方式，但是当下社会发展需要的是创新创业型人才，这是传统育人模式无法培养出的人才。创新创业教育强调的是创新创业意识、素质、能力的培养，这些要求契合了如今高校教育的改革方向。它要求充分联系社会实际，采取各种各样的教学方式和手段，以创新创业意识和能力的培养为中心，关注学生创新思维、创造能力、沟通能力、合作能力、市场分析预测能力等各方面素质，有助于推动育人模式改革。

2. 有助于大学生提升自身素质，提高社会适应力

每个人都要从家庭走进学校，再从学校走进社会，高等教育是大学生开

启社会职业生涯的最后阶段。大学生在这一阶段中不仅要掌握知识、技能，更要增强社会适应能力。创新创业教育不是对单个技能、单一能力或者某一学科知识的教育，而是培养综合能力的教育，强调的是开发学生创新创业的潜在能力。创新创业教育不仅将系统性的理论知识进行整合，还开展了不同层次、各个方面、系统化的从思维到方法再到技能的实践教学，这些都促进了学生的个性发展。它采取的不是单一的教学方法，而是将课堂教学、情景模拟和亲身实践结合起来，重点培养学生的实践能力，创造职业工作的情景，使学生亲身体验职业过程，在这一过程中重新认识自己，并逐渐学会如何在沟通合作中完成职业工作任务等，提升其社会适应力。

3. 有利于缓解当前大学生的就业压力

高等教育改革不断推进，大众化趋势越发显著，大学生"毕业即失业"的情况越发严重，就业压力剧增。自高校扩招政策实行至今，大学入学人数猛增，毕业生数量亦是如此，导致了严重的就业难问题。针对这一局面，中央与地方政府每逢大学生毕业季都会推出促就业政策，尤其是会大力支持大学生自主创业。在创新创业教育中，大学生的综合能力能够得到良好发展，在就业市场中更具竞争力；创业素质得到显著提升，更积极地参与自主创业，既减少了待就业人数，又有助于增加就业岗位。总之，大学生创新创业教育有助于缓解大学生的就业压力问题。

（二）大学生创新创业教育体系的主要内容及功能

大学生创新创业教育体系是一个有机整体，包含了与大学生创新创业教育相关的各要素，也是一个包含了多种社会资源和政策环境的系统。其主体包括政府、高校、企事业单位以及大学生等，同时还需要上述主体"多位一体"的联动配合，且每个子系统内都含有政策支持、教育支持、资金支持、基础设施支持、服务支持等内容。

上述主体在这一体系中发挥各自的功能，相互联系、相互作用，从而构成联动的有机整体，若没有这些主体及它们之间的相互关系，大学生创新创业教育体系也就不存在了，更无从发展。在这些主体中，高校承担着主要的教育任务，需要借助具体的理论和实践课程教学，全面发展学生各项素质，将创新创业的方法和技能教给他们，并且为他们的创新创业活动给予各项物质和技术等资源。政府在其中的最大功能是为学生的创新创业行为提供政策支持，创造利于创业的社会环境，并提供社会保障和公共资源。企事业单位主要为大学生的创新创业教育提供实践平台和孵化成果。大学生作为创新创业教育的接受者和创新创业行为的实施者，具有核心地位，接受源于上述主体的各种教育、服务和支持。

（三）大学生创新创业教育体系建设存在的问题

在很长一段时间内，高校人才培养的目标都是研究型人才、应用型人才，大学生的出路基本上是就业、继续升学、出国三种，就业观念单一狭隘。这种忽视创新、创业的教育极大地阻碍了学生创新创业意识、思维和能力的发展，直接导致了创新创业型人才缺乏的局面。此外，家庭和社会在大学生的创业意识、创业能力的培养过程中存在严重缺位。以往的高校重视的是通识性知识和技能的教学，不管是教学内容还是教学方法都比较死板，缺乏灵活性和开放性，与社会实际的联系不够紧密。多数高校尚未将创新创业教育作为教育教学体系一部分，尽管开设了相关的课程，也只是形式化，没有发挥实质作用，甚至有些高校和教师认为大学生在校期间要将重心放在学习上，不应当开展创新活动和创业实践。当下存在高校不重视创新创业教育、创新创业教育功能弱化的问题，对大学生的创新创业意识造成了极大的压抑，自然也就难以培养其创新创业能力。因此，当下高校应当认清国家发展、社会发展形势，挣脱就业型和学术型教育的束缚，积极强化和发挥自身的创新创业教育功能，积极建设大学生创新创业教育体系，这对于学生的个人发展、社会和国家的发展都十分重要。

高校应当将创新型高校作为发展和建设的重要目标，在此引导下，以创新型人才培养为重心，从制度到课上教学再到课外实践活动全面支持大学生参与创新创业实践活动，以各种方法和途径发展其创新创业的观念、技能和综合素质。与此同时，深入研究相关的教育理论，借此优化教学过程、优化课程体系，尤其将各类创新创业实践活动整合成实践教学体系，鼓励学生参与课外科研、创新创业竞赛等，将这些实践活动与院系、专业的教学相结合，对大学生的创新创业活动给予充分的肯定、倡导和支持，将之与学分挂钩，将课堂教学和课外实践活动紧密联合，构建高校、院系、学生三位一体的多层次高水平的大学生创新创业体系，积极培养创新创业人才。

大学生创新创业教育体系的构建是当下高校建设的重要内容，与高校改革趋势一致，是当下高校提升人才培养水平的要求，但是其目前仍存在一些问题，主要为如下几点。

1. 创新创业教育的定位不明确

从当前的高校教育教学的实际情况来看，创新创业教育始终没有成为主流教育体系的一部分，没有成为独立专业和学术领域。已经有不少高校开展了创新创业教育，但仅仅是为了给即将毕业的学生提供一些就业技能、求职技巧培训，或者讲解一些就业相关的政策，分享一些就业信息，并未将之视为高校日常教育工作的一部分。在这种片面的理解之下，创新创业教育未能得到准确定位，未能切实落地于教育层面，尚未成为人才培养计划的一部分，所采取的很多措施局限于技术创新和理论创新，没有给予创意型创业和社会创新应有的关注。

2. 大学生缺乏创新观念和思维

大学生创新创业教育深受国家重视，在教育部领导下，各类高校组织开展了多样化的创新创业主题活动。不管是教育部，还是各地方教育行政主管部门，以及高校，都从各自的层面开展了多样化的科技创新和创业主题的竞赛、实践教育活动，积极引导和支持大学生自主创业。这些竞赛、教育活动虽然吸引了很多学生和教师的参与，然而并没有形成长期效益，参与活动的团队只是为了奖励或者荣誉而参与，活动结束后立刻解散，学生和指导教师都回归各自的学习、教研之中，很少有人会继续实践自己的创新创业项目。

可见，上述竞赛活动尽管能够激发师生的参与兴趣和积极性，但是没有形成长效机制，只能带来学生一时的创新创业兴趣，难以从思想意识层面上形成深入影响。尽管大学生在活动期间组建团队，开展了某个创新创业项目，但是没有真正形成创新创业的观念，其创新创业的思维和能力没有得到切实的培养。

3. 创新创业教育师资严重不足

创新创业教育的开展最终要落在教师身上，他们的教学能力，以及对于创新创业教育的理解直接影响着教学效果。但是，大学生创新创业教育的教师一般是专业课程教师、辅导员或者其他学生工作者。他们基本没有创业实践经验，因而只能以理论讲解为主要教学方式，而且知识结构不完备，只在某一学科上有较为深入的研究，而创新创业教育涉及的知识面很广。他们无法满足创业课程特别是优质创业课程教学的需要，且本身创新能力不足，也就难以做好创新型人才的培养工作。尽管有些高校或者院系能够引入政府人员或者企事业管理者进校开设讲座，但是难以切实解决师资问题，无法实现系统化教学。高校用于创新创业教育建设的资金有限、资源有限，同时部分激励政策和措施没有得到切实执行，难以激发教师参与创新创业课程教学和指导的积极性。并且，教师往往科研和专业课程教学任务繁重，更难以在创新创业教育上投入足够的时间和精力。

4. 创新创业教育与专业教育脱节

如今，虽然越来越多的高校逐渐认识到创新创业教育的意义和重要性，并且逐步开展创新创业教育，但只是针对操作和技能层面，没有将之与专业的培养方案和体系充分融合，并且尚未构建对应的考核制度。就业率是高校教学质量评价的主要标准，但是这一标准无法反映学生的创新创业素质，现行的学生评价体系也难以评价学生的创新能力，因而造成了创新创业教育与专业教育脱节的问题，进而导致大量的高校教师将创新创业教育等同于第二课堂活动，将创业技能训练作为主要的指导和教学方式。显然，不管是学科建设规划，还是人才培养方案和教学质量评价体系都没有和创新创业教育体系充分结合。并且，创新创业作为一个学科的建设历史太短，只在几个方面开展了建设，建设内容有待完善，没有形成体系化、规范化的课程设置，而是按照本校师资来开设创业课程。这导致高校的创新创业教育体系未能与专业教育体系充分、有效地结合，没有形成创新创业教育目标的课程体系，导致创新创业教育发展受阻。

（四）完善大学生创新创业教育体系的建议措施

创新创业教育对于国家、民族和个人发展的重要性越发显著，是高校教育的不可缺少的一部分。高校应当针对上述问题，采取针对性的措施，以完善大学生创新创业教育体系。

首先，设置明确的目标，将创新创业教育与大学教育教学的全过程结合。有了明确的目标引导，才不会"迷路"，所以要准确地进行学科定位，也就是将之定位为以培养创新创业意识、强化创新创业知识、提升创新创业能力为重点的创业素质教育。基于这一定位，我们应将创新创业意识、知识和能力的培养作为教学重点和教学目标。与此同时，高校应当将创新创业课程作为各学年的日常课程，而非仅仅为大四课程，应当站在整个大学教育的宏观视角上，对其课程体系作出设计，切实保障教育效果。

其次，构建新型教育理念，以创新创业意识的培养为先、为重。以往高校教学重视的是学生知识的积累，采取的是教师中心式教学方式，将教师视为知识的拥有者和单向输出者，以知识灌输的手段教学，导致学生难以自由发展，难以个性化发展，并且不利于创新思维、创造能力和创业能力的发展。大学生创新创业教育关注的就是创新思维、创造和创业能力，可以有效补充传统教育的不足。大学生创新创业教育将大学生视为教学过程的主体和中心，关注的是能力和素质，而非知识积累。只有培养好大学生的创新创业意识，他们才能够将所学的知识和技能内化为创新创业的素养。因此，高校需构建创新创业教育、文化素质教育和思想道德教育三位一体教育模式，着重培养大学生开拓进取、不断创新、勇于创业的意识，在物质和精神上引导和支持他们开展创业行为，激发其创新创业的兴趣和积极性，切实发展其创新创业的意识和能力。

再次，调整人才培养方案，着重培养学生的创新创业能力。高校教育的任务是培养人才，因此人才培养方案至关重要。高校需将创新意识、创业能力的培养作为人才培养的重要目标，积极设计和健全相关的理论和实践课程体系，并为此构建新的人才培养模式，引导大学生全面发展，完善知识结构，增强创新创业能力。与此同时，高校需重视大学生创新创业实践，为高年级学生提供参与学校科研项目的机会，使其在实践中发展创新思维、创造能力。立足第一课堂，整合第二课堂，构建包含科研创新体系、科技竞赛体系、创业训练体系、文化实践体系和职业提升体系的大学生创新创业培训计划，并将之与学分挂钩。构建大学生创新创业培训计划的运行管理机制，并保障其有效落实。高校应坚持"总体设计，分项实施"，并采取项目负责制。将培养计划转化为第二课堂活动项目，并分学期滚动开设，使创新创业培养不局限于某个课程或某个学年，而是贯穿于整个大学教育阶段。给予学生自由选择的空间，使之自行确定项目和时间，从而促进其个性发展。为了保证大学生创新创业培训计划有序开展，还需设置学校、院系、大学生三级联动机构，学校层面的职能部门主要承担的任务是监控和管理这一计划的实施情况；院系主要承担的任务是设计具体的培养计划，以及接受上级主管的监管，并结合自身情况开展具体的教育工作；学生则按照学院的指导，根据自己的想法，对计划中的项目和时间作出灵活选择。

最后，构建专业的、高水平的师资团队。教学任务最终要落到教师身上，他们的教学行为直接决定了创新创业教育的成效。无论是哪种教育，师资建设都是基础性保障工作。当下，很多高校教师只有教学经验，没有创业实践，而创业管理者有实战经验，教学经验却不足。面对这样的情况，高校需以专业教师为创新创业教育的理论教师，创业管理者为实践导师，两者搭配，取长补短，解决师资问题。同时，高校须加强内部师资培训，组织教师开展培训，并将考核、职称和经费与师资培训结合，支持教师到企业挂职锻炼，积累实践经验，从而提升教师的实践指导能力。除此之外，高校还可以加强外部引进，将知名企业家、创业者等邀请进校担任兼职教师、客座讲师等，这样有助于拓宽学生视野，有效提升大学生的创新创业实践能力。

二、研究型大学创新创业教育体系设计

（一）研究型大学创新创业教育体系的设计原则及思路

1. 创新创业教育体系的设计原则

创新创业教育体系承担着全面增强人民素质的重任，在促进经济发展、增强综合国力、推动社会进步等方面发挥着重要作用。应对研究型大学的资源和条件等进行综合考虑，对就业形势进行分析，对市场需求进行细化，同时按照如下原则，合理定位和设计创新创业教育体系的理念和框架模式。

（1）与传统教育体系相结合

传统教育体系分为两部分：普通教育和职业教育。前者强调全面发展，关注学生的生理、心理和社会文化素质等各个方面，为的是培养综合素质较高的合格公民；后者则基于前者，侧重职业知识和技能、素养的培养，为的是培养服务于社会和经济发展的专门职业人才。两者各有办学特色和教学特色，在整个教育系统、社会系统中的地位相对稳定和独立。传统教育体系中也有某些与创新创业相关的实践措施，但缺乏明确指向、固定目标。

基于这样的情况，设计创新创业教育体系框架，应当与普通教育、职业教育领域结合，最大程度地利用普通教育体系中的一般知识结构、智力、能力，以此为自身的培养基础，即在一般知识结构、智力、能力的基础上，培养创业社会知识结构、创业能力、技能；充分利用普通教育体系中的健康个性、道德规范，以此作为培养开创个性、社会责任感和义务感、开拓精神的生长基因；最大程度地利用职业教育中的职业知识、职业规范、职业技能，以此为自身的基本条件和发展背景。除此之外，设计专属自己的层次化的目标和内容体系，以满足各年龄和阶段学生的学习需求，对学校原本的教学途径和

手段以及传统教育体系的内容和方式进行综合利用，一步步地开展具体教学。

（2）创新性与实践性相结合

对于国家和民族的发展而言，创新至关重要，只有在大量创新型优质人才的支撑下，国家才能兴旺发达，民族才能实现复兴。传统的自由型大学和研究型大学各有侧重点，前者重视自由，后者重视科研。与两者不同，社会服务型大学重视社会服务功能，与社会实际需求之间的联系更加紧密。高校需构建适应知识经济发展的创新创业教育体系。此体系的设计须重点强调开拓性和创新性，以创新为办学理念，强化创新教育和知识创新，以创新型人才培养为目标，全面创新学校的管理、教学和科研等工作。创新创业教育面向的不是哪一个专业和学科的学生，而是全体学生，是一种大众教育。其创新性主要在于教育模式、教学方式和学习方式三个方面，其人才培养目标为：具备开拓性、独创性、发散性思维和批判性思维的学生。因此，在设计创新创业教育体系时，须针对培养目标，将体系内的各种元素、结构和系统灵活地构建为一个整体。

实践性也是创新创业教育体系设计的重要原则。与传统教育体系的最主要不同就在于以创新创业意识、创业能力、个人素质、创新思维等的培养为目的开展各种各样的教育实践活动，即具备突出的实践性。创新创业本就是一种创造性的实践，大学生若缺乏足够的实践能力，就无法创新成功、创业成功。所以，创新创业教育体系要重视提升学生的实践能力，为此，将教学活动充分联系社会实际，以实践活动的方式发展学生的动手能力、合作能力、沟通能力、分析和解决问题的能力、心理素质等综合能力。

（3）一致性与差异性相结合

高校的宗旨是为社会发展培养高级人才，而当下社会发展需要的就是具备创新创业精神和能力的人才，这是高校教育基本的任务，也是创新创业教育的基本任务。高校须以创新教育为基础、以创业教育为载体，联合推进创新创业教育这个有机整体，尤其要使之面向学校学生，使每个学生都接受创新创业教育，全面发展他们创新、创业、创造的意识、精神、思维、技能和能力，因此在设计创新创业教育体系时要注重一致性。

尽管研究型大学重视科研，但是不同的研究型大学所注重的科研领域不同，在体系设计上也有差异。同时，各个高校由于地域条件的差异，面对的区域社会环境也有差异。再加上各校教学资源，尤其是创新创业教育资源的差异，在设计创新创业教育体系时，设定的目标、选择的教育内容和教育方式也就各具特色。与此同时，各高校有自身独特的人才培养定位，再加上具体专业和学生个体的需求，所开展的创新创业教育类型不尽相同，往往会根据专业性和普及性的要求，明确不同的教育目标，选择不同的项目，确定不同的层次，也就是在设计创新创业教育体系时要注重差异性。

（4）主体性与互动性相结合

教师和学生是创新创业教育的主要主体，重学术研究的研究型大学具有大量高水平的教师和学生，这些都是既有教学能力又有科研能力的复合型人才。高校坚持致力于将学生培养成社会需要、与时俱进的人才，也深切地希望每个学子都能够顺利成才，创新创业教育体育应当尊重学生的独立人格，并且在教育教学中完善学生人格，这就要求高校不仅要传授知识、技能，更要培养他们良好的心理素质和道德，促进其个性发展，真正做到以人为本。

研究型大学的创新创业教育需以互动性的内容和方式促进师生交流、生生合作，创造良好的互动环境，形成友好平等的师生和生生关系，让学生在互动的过程中，开发和发展自己的创新创业思维。过去很多人对创新创业教育认识不清，将之狭隘地等同于培养创业者和企业家的教育，或者等同于解决就业问题的教育。若以这样的理念开展创新创业教育，就会将之变成针对某几个学生，而非面向全体的树典型式教育，或者导致出现一些急功近利的行为，这就完全背离了其最初目的。

2. 创新创业教育体系的设计思路

创新创业教育不是局限于某一个学科或者某一个课程体系的教育，而是一个与社会各方面都有着深刻联系的系统性工程，是一个社会化的培养过程，是一个培养学生各方面基本素质和能力的大教育。所以，高校需坚持系统观和新教育观，重点发展学生的远大就业意识，还要放开思维，在结合内外联动和教育服务扶持的层面上，放远目光，构建更广大意义上的创新创业教育体系。

和传统教育体系不同，研究型大学创新创业教育体系是以"创新"为教育的核心理念和竞争力的。要求对培养目标进行重新定位，在办学宗旨中融入创新创业精神，并将之作为可持续发展的重要动力之源。高校须实行鼓励学生创新创业的措施，例如，构建相应的激励机制，在资金和技术上为学生的创业想法和行为提供一定的支持；肯定创业成功的学生；宽容和鼓励创业失败的学生。引导大学生更新就业观念，使之将创业作为未来发展的备选项并慎重以待，使他们进入社会后以积极进取、不断创新、勇于创造、不惧创业、善于组织的意识和技能实现职业发展。

创新创业教育体系框架的构建，应当先立足于目标和理念体系，将创新思想与教育体系全面融合；将创业理念与人才培养体系的教师选拔、师资建设、人格培养等全过程充分融合，培养学生的创新创业意识和精神，不仅仅是参与一些创新创业教育，而是使之成为一种生活习惯，对全校师生开展系统化、规范化的培训和教育；在大学的课程体系中渗透创新创业思想，在教学过程中规范学生的创新创业思想和行为，使之形成基础的创业核心素质；打破课堂教学的束缚，添加各种实践教学活动，以此强化学生的创新实践能力，调动其创新创业的兴趣和积极性，变革教学模式和方法，结合第一和第二课堂以及校园文化等，为学生创业做好铺垫。

除此之外，研究型大学中包含不同的教育层次和板块，创新创业教育体系一方面要继承以往的科学理论；另一方面要增加新元素，根本上创新运行模式和提升运行效率，并基于此不断创新，最终实现从思想到方法、从理念到成果的创新。

总而言之，研究型大学在设计创新创业教育体系的过程中，要与时俱进，结合时代和社会实际需要，关注自身的教育要求，创新传统的教育体系和教育模式，既要保留原本的优势，又要挣脱仅关注科研而忽视社会服务功能的局限，在科技、教学、体制、管理和思想上创新，从而设计和构建一个内外联动，从教育到服务再到扶持的，有层次、成系统、相对完整的科学创新创业教育体系。

（二）研究型大学创新创业教育体系的框架模型及模块分析

研究型大学创新创业教育体系的框架模型的核心为内部体系，包含五个模块。

模块一：目标理念体系，指的是创新创业教育的目标取向和思想理念。分为三个部分，即教育理念、教育定位及教育目标体系，指导剩余数个模块的设计和运行，发挥着重要的导向作用，须结合创新创业教育体系运作的整个过程中设计和优化这一体系。

模块二：组织环境体系，即创新创业的环境支持。主要分为硬环境和软环境两个部分，影响着剩余四个模块，并为它们的反作用所影响。

模块三：参与主体体系，指的是参与创新创业教育的各个主体。分为三部分，即学校管理团队组建、师资队伍建设、学生群体培养，这些主体是实现创新创业教育目标，开展具体教育教学的执行者。须对教师创新创业素质进行重点培训、提升和评估。此外，也要重视学生群体的培养。

模块四：课程内容体系，指的是对教育内容的调整和优化，主要包含学科建设、教学课程设置两部分。

模块五：实践平台体系，即如何促使创新创业成果的实现。

上述五个模块在创新创业教育体系框架模型中，既彼此独立，又相互影响和作用，一起构成了完整的内部体系。其中主要在意识层面进行构建的是目标理念和组织软环境中的校园文化、学术氛围等，剩下的主要为操作层面的建设。

分析研究型大学创新创业教育体系的框架，不仅要关注核心维度，还要关注其余三个维度，也就是要对社会舆论和政府政策在体系的构成和运行中的作用进行分析，对其运行模式和运行机制进行探索，也就是要对传统的教学模式和人才培养模式进行革新，需将教育的过程、方式和方法等作为入手点，促使创新创业融入整个教育流程，并且创建有助于促使体系发展的种种机制。

1. 研究型大学创新创业教育的目标理念体系

（1）树立科学的创新创业教育理念

根据国外创新创业教育实践可以发现，如今高等教育的重要任务之一就是开展创新创业教育，培养富有创新创业精神和能力、综合素质高的复合型人才。清华大学于 2005 年举办的亚洲创业教育会议上明确，高校素质教育的开展不能缺失创新创业教育这一内容和环节，国内各个高校都要予以创新创业教育充分重视，将培育学生的创新创业精神和能力作为主要任务和目标。

不管是何种教育都不能脱离科学理论的指导，研究型大学要真正地开展创新创业教育，就要革除传统的以知识灌输为主的、阻碍学生创新思维发展的教育理念，构建关注学生创新创业意识和能力的现代教育观念。但是这不意味着必须彻底推翻传统教育，凭空地、平地起高楼式地构建所谓的创新性教育，而是要扬弃式地刬除传统教育中的落后因素、继承和发扬其中的先进因素，进行合理的继承、改造和优化，将办学思路梳理清楚，以开放性的思维，挣脱传统办学模式的束缚，构建一种大创新创业理念。

（2）明确清晰的创新创业教育定位

当前，创新创业教育是一种全新的教育观念和实践，需有明确的、合理的定位。如今很多高校的创新创业教育中有一个广泛的现象，即只有学生工作部门在着力开展，教育部门反应冷淡，从而造成专业教育和创新创业教育分离的问题，也导致创新创业教育变成个别学生进行的一种低层次的商业行为。这是因为教育管理者没有全面、深入和明晰地对创新创业教育形成正确的认识和定位。

其定位需关注这些方面：首先，面向全体、全程实施。创新创业教育不应当仅在高年级开展，而应从大一学生初进校就有计划、有意识地培养其创新创业意识和能力，并在之后的培养进程中逐渐加大教育力度。其次，关注个体和专业差异。高校须结合学生的具体学历层次和意愿，设置差异化的教育目标。最后，适应知识经济时代特点，坚持科技创业导向。大学生作为创新创业教育的接受者和创新创业行为的主体，也要积极更新就业观，将创业作为未来职业发展的一个选择。

（3）构建系统的创新创业教育目标体系

研究型大学要基于社会发展和学生发展的需求设定创新创业教育目标。只有确立了正确的目标，才能在正确的方向上发展，才能合理设计创新创业教育体系的剩余模块，避免很多教学误区，以及合理选择和分析教育体系内的各要素。

教育目标体系内包含不同的层次，不仅要合理地设置学生的素质培养目标，还要合理地设置教学活动的目标，要保证两种目标的一致性，这样所采取的各个教育行动才能够切实落脚于学生创新创业意识和能力的发展，才能够真正地促进教育目标实现。

① 教学活动目标

教学活动目标针对的是研究型大学的教学实践活动，分为感性发动、知识传授和实践操作三个目标。

② 素质培养目标

素质培养目标针对的是获得创新创业成果需具备的种种素质，分为四部分：创新创业意识、创新创业品质、创新创业知识、创新创业技能。

首先，创新创业意识，指的是创新创业行为开始之前和过程中，创新创业者态度和行为发挥动力支配作用的个性化心理倾向。创新创业意识分为自我意识和社会意识两部分，前者有创业需求、动机、兴趣、信仰等；后者有社会道德感、责任感、使命感等。创新创业教育应当对学生进行意识层面的引导，使他们综合分析自己的长处和不足、智慧因素、就业观念、创业观念等，并且对自己内在的主观能动性进行有意识的发挥，对外部环境作出合理的选择，从而实现个人优势的最大化，将个人潜力和动机充分激发出来，走自我成才、自主创业的道路，把自身专业知识结合于社会需求、把理论结合于实践。

其次，创新创业品质能够调节创新创业活动中的心理和行为，支撑一个人取得创新成果、创业成功。研究型大学的创新创业教育须结合学生的具体层次、个性、素质等，有目的、有计划地培养其创新创业品质，尤其是创新创业的意识，使之形成批判性思考、自主选择、勇于创新、擅长合作的心理品质，同时引导学生合理调节自己的不良心理，改正自己的不良行为，使之形成健康的心理状态、较高的心理适应能力和挫折承受能力；对其创业自信和责任感、意志力、进取精神，以及果断、勤奋、踏实、吃苦耐劳等素质进行重点培养。

再次，创新创业知识。对于一个人的意识形态和思维方式而言，知识素养有着重要的决定性作用。如果没有合适、合理的创新创业知识结构体系，就难以顺利开展创新创业活动，更无法成功。创新创业教育不是针对某一学科知识的教学，而是要求学生掌握全面的知识，既要打好专业和职业知识基础，又要学习经济管理等综合知识，如经济学知识、管理学知识等等。要在培养学生广阔知识面的基础上，对其自主学习、研究性学习、探究性学习、积累性学习能力和习惯进行培养，帮助他们掌握正确高效的学习方法，养成良好的学习习惯，形成合理、系统的知识结构。

最后，创新创业技能，针对的是理论知识向实践活动和成果的转化，对于大学生能否顺利开展和完成创新创业活动，以及完成的效率和效果有着重要影响。创新创业教育不仅要传授创新创业相关的专业技能，还要着重培养学生对市场形势的把握和洞察能力，组建团队、筹集资金和规划决策等技能。同时也要认识到，创业是一种实践，仅仅凭借创业教育无法使学生全面掌握创业技能和能力，还要鼓励学生参与创业实践，在实践中完善和发展创业能力。

上述两个维度目标体系针对的是研究型大学创新创业教育中的教学活动目标和素质培养目标的制定和实施。研究型大学须借助种种形式的教育活动来构建出彼此作用、协调的创新创业教育结构体系，进而为高素质复合型创新创业人才培养设置对应的素质目标。

2. 研究型大学创新创业教育的组织环境体系

组织环境体系与外部政策和社会舆论环境相对，指的是学校内部环境，分为两方面：硬环境和软环境。前者指的是学校在创新创业教育上投入的经费和基础设施等物质；后者指的是学校营造的支持创业、宽容失败的学术氛围和文化，为鼓励学生参与创新创业活动而制定的政策制度和措施等。

相比之下，学校在硬环境建设上须投入较多的物质资源，并且能够很快取得成果，在软环境建设上则要侧重于管理和教育，须全校师生参与，难度更大，影响更加深远。所以下面主要针对软环境来分析。

（1）积极的校园文化

校园文化是大学生活中不可缺少的重要部分，对学生成长、成才有着极大的影响。校园文化会潜移默化地在无形之中影响学生的创新创业思想和行为。所以，研究型大学须在校园内重点建设创新创业文化，并结合多媒体渠道加强宣传，营造对创新创业有益的舆论环境。对此，需注意以下四个方面：其一，大学精神文化建设，即办学理念、校风校训；其二，大学制度文化建设，即组织建设、制度建设；其三，大学行为文化建设，即领导作风、教风学风；其四，大学物质文化建设，即文化设施、学校标志。

（2）完善的组织机构

组织机构对创新创业教育的有序实施和深入开展有着重要的支撑作用。通常而言，组织机构大致包括三种，即创新创业教育领导小组、创新创业教育研究中心以及大学生创新创业指导中心，其中的人员为学校党政领导和教学专家。完善的组织机构使大学生在创新创业活动中能够获得多样的服务以及系统指导，有助于学生创新创业意识、能力的培养。如今，多数高校都缺乏正式、专门的创新创业教育组织机构，管理较为松散，只能对一些未成体系、彼此割裂的几门课程或者部分活动等进行管理，没有形成一定的管理系统，难以实现充分和深入的管理，难以实现创新创业教育各部分的有机协调发展。所以，须加快构建好较高层次的创新创业专门管理机构，交由高校主要领导负责，推进创新创业教育的统一规范化管理。

根据国外创新创业教育的经验，在各个高校内部的各个机构中最积极主动地发起创新创业教育项目、开展创业实践的就是经管类学院，它在创业实践中有着难以替代、不可或缺的重要作用。研究型大学应当基于校情，依托经管类学院，设置创新创业教育中心。这一中心主要负责协调组织和管理各教育机构，营造倡导和支持创新创业的校园文化环境，开展相关的理论研究，开发相关课程，组织创新创业活动，争取和管理风险投资，审查和辅导学生的创新创业项目，检查和评估所有院系的创新创业教育开展情况，创设完善、庞大的外部联系网络，如创新孵化基地、科技园等。围绕创新创业教育中心，结合高校政策、舆论、设施等发挥各项创新创业教育软、硬资源的最大作用，构建出高校、企业、社会、政府相互协调、良性互动、长效发展的创业教育生态系统，对社会创业资源进行有效开发、整合、利用。

（3）科学的管理制度

① 构建和健全大学生创新创业教育的教学制度。加强其制度建设和规范建设，从而使之更易于操作和实施，不断推广和深化弹性学习制度，使学生能够结合自身意愿，较为自由地选择修学年限，跨系、跨学科学习，以及转系、转专业。

② 着重规划其课程体系。高校须结合校情、学情等对人才培养计划进行调整和完善，使之更符合实际，同时深化课程体系和学分制改革，鼓励教师结合信息技术采取各种各样的教学方式。

③ 创新师生考核形式。改革以往主流的、应试为主的考试制度，以关注学习成果转为关注学习过程和学生的发展性，选取多元结合的考试和评价方法，着重评估学生的创新能力和个性发展；构建和完善教学评价机制，评价和考核课程、教学效果和实践活动情况，促进教学制度的持续完善。

④ 改进和健全教师的培训交流制度。为教师提供多样化的创业教育培训机会，促使教师的教学能力持续发展；积极开展学术交流活动，集中力量，共同研究教学中的实际问题，找出妥善的解决方法。

⑤ 不断推出和调整创新创业实践相关政策。重点服务和管理学生的自主创业，须对其创业学习和实践作出规范，引导他们积极参与各种各样的科技实践活动，如各类科技创新竞赛、撰写论文等；开设创业基金，为学生的自主创业实践提供一定的经费。

3. 研究型大学创新创业教育的参与主体体系

下面主要针对内部参与主体，也就是管理团队、师资队伍和学生群体进行研究。

（1）管理团队的构成

创新创业教育应构建高效的管理团队，采取合理的管理方法，制定科学计划，并组织、指挥、协调、控制各种形式的教育工作。此管理团队主要包括行政管理和学术管理两大类。

行政管理，一般情况下，主要是以校长为首的学校管理系统。它以等级和一系列法规组成的层次结构、下级服从上级和按章行事等组织规范等方式开展管理。

学术管理有着多元化的主体，通常而言，高校会基于教学委员会和学位委员会，组建专门的创新创业工作领导小组。小组组长为书记或校长，副组长为副书记和主管教学工作的副校长。成员包括创新创业相关的各个单位，承担着高校教育拓展延伸协调工作。除此之外，还能够将各个职能部门整合起来，对创新创业教育的学年实施方案进行合理制定，增强其功能和权威性，发挥和强化学术上、教学上的创新创业咨询、规划、组织、决策支持作用，最大化地利用专家教师，尤其是著名教授和优秀教学骨干的作用。

（2）师资队伍的建设

创新创业教育的落地凭借的始终是教师的工作，要真正发挥出创新创业教育的作用，真正作出一些成绩，必须打造强大的有针对性的教师队伍，他们不仅要有创新创业精神、掌握丰富的理论知识，还要有较强的创业实践能力。有了这样的师资队伍，学生才能够真正形成创新创业意识，获得全面的、良好的、正确的系统教育，才有可能在创新创业实践中获得成功。

教师队伍应有坚定的创新信念和开拓精神，能够熟练运用多种创造发明方法，对于教育改革方向有深刻理解，教学观念逐渐转化为以学生为中心，关注学生全面发展和身心协调发展、个性发展，教育理念逐渐转化为素质教育理念，更加重视对学生能力的开发，能够在教学过程中运用多样化的、信息化教学技术。

所以，高校在师资建设中，不仅要对教师在创新创业教育方面的学历、职称、专业知识、素质技能和工作经历等常规情况进行综合分析，还要更为关注其创新创业能力，也就是科研创新意识、能力和成果，以及对应的教学能力。高校可以通过新政策的施行来引导和支持教师深入创业一线，或者制订青年教师选派计划，要求他们开展创业实践。除此之外，还能够邀请成功的企业家、创业者、技术和管理专家等来学校举办相关讲座，或做兼职教师，分享自己的创业经历，或者指导大学生的创业行为，通过自己的经历强化学生的创新意识、精神和创业欲望。

（3）学生群体的培养

在内部主体体系中，学生群体是教育的接受者，教育成效直接反映在他们的创新创业素质和实践上，同时他们的创新创业能力和条件也深刻影响着教育成效和教育目标的实现。其创业素质为四个方面：第一，学生背景，也就是他们在创新创业实践中所具备的家庭背景和学历、经历等。第二，个人条件，也就是创新创业观念意识、精神、能力等。第三，学生表现，也就是创新创业学习、实践的成果。第四，学生满意度，也就是他们对相关课程的教学的认同程度、学习主动程度和参与程度。培养学生群体，须积极遵循目标体系的指导，学生背景主要作为一种参考，还要考虑辅助创业实践团队的选拔以及相关培养计划的制订。

4. 研究型大学创新创业教育的课程内容体系

课程内容及学科建设指的是设计和安排创业知识、能力等的理论和实操课程，需要结合目标体系，按照社会经济和市场需求，来构建课程内容体系，同时还要重视对学生创新创业欲望、积极性以及创新创业能力等的培养，如此方可保证课程内容体系的科学性和合理性。课程内容体系不仅要包含创新创业的专业知识，还需包含经营管理和社会综合知识。

根据发达国家的成功创新创业教育实践，大学要基于之前的课程体系，集成相关课程，加强课程的系统性，将之构建为整体的课程群，并提升其整体质量，使其贯穿大学教育的整个周期。同时，也可开设一门或多门公选课，专门为学生讲解创业技能或者案例等；结合具体的专业、年级等，开设专业创业课程；开设其他辅助课程，增设跨学科、跨专业课程，丰富课程内容，增强和发展学生综合素质和综合能力，为他们在创新创业实践中走向成功提供坚实基础。

（1）创新创业通识课程

创新创业通识课程既包括理论知识的讲解，又包括实践教学，一般为"创新学""创业研究""创业或创建新企业""创业政策与法律法规"等课程，引导学生对创业理论形成掌握，指导他们创业实践，通过由理论到实践再到理论的过程，对学生的创新创业素质进行培养，引导学生对国内外创新创业教育的实际情况形成较好的了解，对其现实意义有所理解，形成良好的创新创业理念和意识，系统学习与创立企业相关的法律常识，如产权保护、劳动合同等等，对企业运行涉及的法律规范和政策等形成深入了解和掌握。

（2）企业管理课程

企业管理课程知识面广，且知识分类细，包含经济理论、经济原理、经济决策等传统课程，质量管理、生产管理、财务管理等专业课内容。课上会教授 SWOT 分析法、头脑风暴法等。这些学习内容基本上是基于市场经济的企业创立、企业管理、生存和发展战略等知识。这些课程能够引导学生掌握新技能，强化领导力、分析能力和判断能力。系统地学习这类课程有助于学生更加科学合理地了解和预测市场，熟悉资金筹集和企业正常运营，理论联系实践地掌握相关理论和技能，并且在创业实践中学以致用。

（3）科学人文课程

这类课程能够充分发挥研究型大学学科种类齐全的优势。其中科技类课程有助于强化和巩固学生的创新创业技能，人文社科类课程有助于扩大他们的知识面，丰富其知识结构。这种文理结合的课程，有助于学生实现跨专业、跨学科、主选双修的学习，其目的在于培养综合型人才，促进学生树立和强化创新创业意识，引导他们立足于创新创业教育的需要，立足于个人素质提升的需要，为创新创业实践构建牢固的知识基础。

研究型大学创新创业教育的课程内容体系改革，需对多个方面进行综合考虑：缩减教学内容总体数量，为学生留出理解、内化和深入思考的空间，为他们学习课外拓展知识留出一定的时间，促使其知识结构更加丰富。创新创业教育不管是内容上还是体系上都并非一成不变的、僵硬固化的，而是动态发展的、可灵活调整的，须跟上学科的发展脚步，结合社会经济、科技、文化等领域的新发展、新变化、新成果，以及适应不断变化的市场要求，分析什么是创新型人才，根据其理想的知识、智能和素质等方面的结构，对课程的内容和体系作出调整和改革。基于专业具体性质，突出相应的重点，如设计类专业更加侧重于创新，重视对创新成果的培育和转化，引导学生坚定创新理念，创作出新作品、新产品等，同时使之掌握现代化管理理念和方法，为未来自主创业做准备。

5. 研究型大学创新创业教育的实践平台体系

创新创业教育与其他学科相比，最大的特点在于实践。学校应当整合自身专业实习、实践等条件，牢牢抓住资金支持、实践基地和技术指导三个方面，建设和健全多种层次的、重实践的、自主性强的、开放的实践平台体系。须设置多种创新创业实践项目，一方面提供一定的资金支持；另一方面提供教师指导，安排知识丰富、实践经验丰富的教师，为有志于创新创业，但是没有经验、不知道如何选择项目、不知道如何操作的学生提供专业建议和指导，投入充足的人力、物力和资金，促进实践平台体系的良好运转。

创新创业教育既要使学生掌握理论知识，也要增强和发展其实践能力、为此须开展各种各样的技能教学和训练。研究型大学构建的教育体系应当是完整的，是产学研联合的，并且要最大程度地建设好实训基地，并最大化地发挥其作用。学校须结合社会发展，以自主或者校企联合的方式，在学院、学科建设的过程中，增加实习、实践教学比重，构建和完善校外实践基地。对于创新创业教育，研究型大学须增加投入，加强场地管理、教学基金资助、教学人员安排。同时，引入社会资金、社会力量，整合更多的教学资源，为学生长时间、阵营化的创业实践提供更多保障。对于学生的科技创业，研究型大学要进行相应的创业基地建设，增加相应的资源和设备，在实践教学的过程中长期探索，优化教学效果，有效地培养学生的创新能力。这就要求高校为学生的实习提供合适的实践场所。基于具体功能作用，实践教育基地主要包含四种。

（1）创新训练类实践基地

研究型大学的二级学院需基于本专业已有的实训基地，充分和深入地研究学生创新创业研究和实践对实验室等的实际需要，建设针对性的多样化的实践基地，如中心实验室、实验中心、工程中心以及产学研实践研究基地。学校不仅要为他们的实训项目研究创造良好的环境，还需要将原有的科研场地开放给进行科研开发的学生，使学生的创新创业实践获得更多的必要条件。

（2）创新竞赛类实践基地

创新竞赛实践类基地是高校自主建设的，主要是为学生参与创新创业竞赛而创建的，为在课程学习中展现出创新创业潜在能力和素质，且有较强意愿的学生进行专业的针对性指导，给予他们一定的创新创业项目启动资金。创新竞赛类实践基地一般情况下为大学生科技实践创新中心或其他相似场所，学生能够自由地组织并开办工作室，例如学科竞赛工作室、创新设计工作室和创业实践工作室等。

（3）创业体验类实践基地

创业实践教育是创新创业教育中必不可少的，因而学校须积极联合企业、行业协会等，完善社会资源合作机制，为学生创造机会，使他们能够到企业中体验真实的创业和企业经营的过程，亲身参与产品的研发、设计、营销等各个环节，以校企合作的方式构建创业体验类实践基地。目前已经有不少高校创建了产学研实践基地。

对于实践教育，研究型大学通常会使用企业见习等方式，实习场地一般是校内和校外的产业基地。学生在企业见习的过程中能够对企业形成更为全面和深层的了解，对创业和经营企业的艰苦有较为深刻的体验和感受。这有助于他们形成健康的创业价值观念，形成积极坚定、迎难而上、开拓进取、不惧困难的创业信念。为学生提供到成熟企业见习的机会，可以使他们体验创业的经历和获得成功的满足感，也能够调动他们的创业欲望，使他们具备创业的激情和勇气，激发他们的创业潜力。

（4）创业孵化类实践基地

这类基地旨在为微小企业的成长提供一定的资助。研究型大学会联合政府进行创业园区、联盟或者孵化基地的创建，结合各行业的实际情况开展专业实践和产品运作，通过校企联合研究和优化人才培养机制，为学生创业给予各个方面的支持。

（三）研究型大学创新创业教育体系的"三课堂"运行模式

研究型大学创新创业教育的运行模式指的是，采取一定的方式和过程，使组织环境、参与主体、课程内容、实践平台等要素良性互动、相互促进，共同完成教育目标。

对于高校创新创业教育体系而言，从根本上对传统教育模式进行改革是其有效运行的基础，其教育模式须突出对综合能力的培养，并将之与教育的全过程、各环节充分融合，强调启发式教学，以学生为中心和主体开展课堂教学，激发学生学习的自主性、主动性和积极性。从以知识灌输为主转到以技能和素质培养为主，创造问题情境，使学生在探索问题的过程中，积极思考并获得新知。从以学科为出发点培养理论型人才和学术型人才转到以能力为出发点培养实用型人才和职业型人才，开展探究式教学，在加强创新创业实践教育，让学习从课上延伸到课下，从教室延伸到社会，为学生的操作和实践提供条件，适当开放实验室，使他们能够自行进行实验方案的设计和实验结果的分析。

（1）课堂教学

借助课堂教学，引导学生掌握相关的基础理论知识，全面地了解创新创业的主体、客体、过程，形成基本的创新创业意识，对国内外的创新创业的实际情况有一定的了解。

（2）案例研究

在课堂教学中引入和讲解真实的创新创业案例，有助于优化教学效果，引导学生更为深入地理解和内化所学的理论知识，为其制订创新创业计划和选择、使用创新创业的方法提供帮助，促进其健康创业心理素质的形成和发展。

（3）混合讨论

这是案例研究之后的环节。高校可以开办创新创业讨论会，邀请企业家、政府经济部门人员、经济专家等发表意见，促使学生更加科学、合理和客观地认识创新创业，对其细化过程和有关政策等形成较好的认知，总体地把握创新创业行为，内化所学的方法和技能，并将之应用于实践。

（4）活动开展

除了课堂教学，还须进行创新创业实践教学，开展创新创业活动，对学生的知识、技能掌握程度进行检验，对学生的合作意识、团队精神进行重点培养，增强其创新创业综合素质，以及实践能力，使他们能够更加自觉、积极地开展创新创业实践。创新创业规划设计是最为常见的活动，也就是学生基于本初的思路，根据自己掌握的创新创业理论，设计资金规划路线，发挥创新思维，借助独立思考，形成个人的新构想，进而创造新产品，将自己的知识转化为产品，将知识资本转化为物质资本，发挥知识在经济和社会方面的价值。研究型大学在推进创新创业活动开展的过程中，可以强化评优和表彰措施，鼓励学生积极参与实践活动，充分激发他们的创新创业潜能，从而促使活动更加顺利地深入开展，促进创新创业教育的长效化。活动实施方式分为两类：其一为课堂方式，具有难度低、时间短、容易实现的优点，能够帮助学生将思维方式和理论知识有机结合；其二为校内"创业设计"比赛方式，能够对学生的创新创业意识、积极性进行较好的调动。

（5）商业实战

商业实战中教师会带领学生学习创业机会评价，在设计创业规划的过程中，阐述创业组织，分析和研究市场、研发与销售产品、分析经营策略，并且组建管理团队、制定发展战略方向、构建风险回避机制、分析企业内外环境、筹集资金、管理企业、制定市场营销策略等。学生能够独立操作整个模拟过程，教师作为指导者进行辅助。这种商业实战的模拟主要针对的是学生思维，能够开发其系统创新思维，使他们体验创新创业全过程的实际操作，方便其未来的创业；能够促进他们实现理论和实践的有机结合，从而切实提升其创新创业能力，使他们将相关理论知识转化为素质和能力，在实践的过程中应用所学知识、方法和所掌握的技能，展现自己所具备的创新创业能力和素质。

创新创业教育的理论知识教学为第一课堂，实务技能教学为第二课堂，实操训练教学为第三课堂。作为第一课堂的理论知识教学，是专业培养计划的一部分，须按照教学大纲进行教学内容和课时的安排，有着较为严谨的体系和计划，与人才培养规格相适应，采取的模式以传统课堂教学为主，但是要着重选择创新性的教学内容和方法；第二课堂和第三课堂需适应学生个体的教育目标，不在教学课时内，而在课外开展各种实践活动，这样能够对传统教育形成良好的弥补，同时具有较高的实施难度，离不开实践平台体系的支撑。

三、研究型大学创新创业教育体系的运行机制

在研究型大学的创新创业教育中，体系框架是静态的，而运行机制是动态的，是对规律的利用方式，也是规律发挥作用的方式。创新创业教育不是一个学期或一个学年的教学，而是长期的教育，不是对某个学科知识和技能的传授，而是跨学科的教育，是一个复杂的教育系统，直接关系着国家人才战略，因此，高校必须构建出规范性强的、执行力强的运行机制，才能够使

之良好开展和健康发展。很多学校的创新创业教育难以收获理想成效，就是因为没有良好运行机制的保障。

运行机制主要包含三部分：评价、激励和保障机制。评价机制指的是学校内部的评价制度体系，激励机制和保障机制则不局限于校内，而是关乎政府政策、社会舆论、企业合作、学生个人家庭背景等多个方面。

（一）研究型大学创新创业教育体系的教育管理机制

1. 构建完善的创新创业教育模式群

高校应当高校应当综合分析大学教育，并基于此全面开展和推广创新创业教育，加快教育模式的现代化，将创新、创业纳入教育目标体系，可以加强跨学科教育，将不同学科的基础课程融合，强化实践教学的外在辐射等，依托自身校情，结合自身所具备的教育环境和资源，努力探索和建立与之适应的人才培养模式和教学机制，在教学过程中将创新创业理念与学科课程的知识内容相融合，培养学生的创新创业意识、能力，为他们步入社会后的职业、创业生涯发展打下良好的基础。

高校需围绕创新创业能力培养，加强制度建设并严格执行，强化其实用性和导向作用，促进各个制度的良性互动，发挥它们的协同作用。其中，评价机制和激励机制是关系到师生的切身利益的，必须着重关注，要使之与学生的创新创业活动相协调。例如，制定和实施科研基金管理办法、优化实习和实践教育等，将教育重点放在教学活动上，侧重于个性化培养，激发和提升他们学习和参与创新创业实践的积极性，充分发展其创新能力。应当合理地、客观地考核教师对学生创新创业活动的指导，定性方式和定量方式相结合。计算其指导工作量，将之与教师的职称评定、评优等挂钩，从而提升教师指导学生创新创业活动的积极性，以及提升教师创新创业教育的教学能力。

2. 深化高校教育改革

当下社会需要的是具有创新精神、创造能力的人才，为了培养这样的人才，我们应当不断深化高校教育改革，尤其是要着重开展创新创业教育。高校应当加强第二课堂，尤其是课外科技活动，借此激发学生的创新和创造意识，发展其创造能力、实践能力。在这一过程中，学校须综合考虑问题，如果没有专门管理机构的统筹，这类活动必定难以顺利、有序开展。学校应当安排院领导作为总负责人，协调相关部门，共同组建领导小组，统一管理和逐步推进课外实践活动，切实解决活动中的问题。与此同时，高校也应当为这些活动的开展提供一定的资金，来购买相关科研设备、聘请科研专家、组织课外活动等等。例如，提取一部分师生课题研究经费或者科研经费形成专门的课外活动经费。不仅要充分利用已有的仪器设备，还要按需购买新设备，完善科研实验室、研究室等场地，为学生的实践活动提供足够的设备和场所。

当前阶段，已有不少学校逐渐开展了这部分工作，将科研活动、创新创业活动从一般的课外活动中分离出来，专门强化推进，完善学分制，将课外科研活动、创新创业活动纳入学分体系，与毕业证的发放挂钩，认证学生的科研成果，满足标准的学生可以不修相关课程。上述措施，都能够促进课外科研活动、创新创业活动的开展，激发学生的创新创业思维。

3. 系统性构建创新创业教育工程

创新创业教育不是大学毕业前的"抱佛脚"和"突击训练"，而应当是系统性的长期教育工程。高校应当深入变革当下的人才选拔和入学制度，增加创新创业素质在其中的比重，从上到下地促进创新创业教育成为学生从小接受的教育。学生最终要走向社会，成为社会人，创新创业素质对他们适应社会、开启就业或创业生涯具有重要意义。因此，必须使大学教育成为培养创新创业精神和能力的教育，关注方法和思维的培养，做到"授人以渔"。将创新创业教育作为一种跨学科的教育，融入各个专业课程、公共课程的教学之中，融入大学教育的整个阶段。唯有如此，方能激发学生的创新创业思维，发展他们的创新创业能力，提升他们的综合素质，不仅提升学生的就业能力，还能激发其创业的火花，对社会形成正面影响。创业教育不是专属学校的教育任务，更是政府的职责，须以政府为核心、以学校为重点，出台一系列政策，促进学生创业，为他们提供良好的政策环境。

4. 进行综合素质培养

国际竞争归根到底就是人才的竞争，高校应加强综合素质培养，培养综合素质强的人才。

第一，要培养能够熟练应用各种方法，尤其是信息方法解决实际问题的人才。高校要引导学生打下深厚的知识基础，积累丰富的实践经验，既要使他们掌握较广的知识面，还要使之掌握精深的专业知识。所培养出的人才需具备如下素养：审美观念健康、判断力强、心理承受能力强、自信充足、专业知识扎实、三观正确、语言表达和沟通能力强。创新创业教育的目标和上述人才素质极为相近，但是，要想发挥创新创业教育对学生综合素质的培养作用，培养出综合型人才，还需要进一步推进教学模式改革。

第二，传统的考核评价方式阻碍着教学模式、结构和方法的创新，须以综合素质培养为中心改革考核评价方式，改变以往唯分数、考试至上的评价方式，关注学生的学习过程和素质的发展，对学生的学习态度、进步情况等作出评价，以此推进教学模式的变革。培养学生的综合素质，要综合分析多个方面，采取多样化的方法，既可以采取传统的座谈会、课外实践活动等方法，还可以允许学生参与教师的科研项目或鼓励他们开展自己的课题研究和创业项目，以及借助创新创业教育平台锻炼其创新创业能力和心理素质。但是我们也要看到，在传统的教育模式下，上述方法难以高效实施，学校应当积极探索与创新创业教育需求相适应的新型教育模式、结构和方法，将重点放在全面学习上、放在能力培养上、放在创新创业精神的培养上。学校须从学生的综合素质培养出发，结合最新的教育理念和方法，构建人才培养体系。

（二）研究型大学创新创业教育体系的教育服务机制

1. 要积极开展各种课外科技活动

学生参与课外科技活动固然难以直接增加创业经验或者研发创造性产品，但却能在活动过程中逐渐形成创新创造的意识和精神。因此，课外科技活动也是一种教育活动，为学生发挥个人特长、应用所学知识提供机会。学校在开展课外科技活动的过程中，应当有的放矢，坚持科学性原则、实用性原则和适应性原则，综合考虑自身条件、学生学习基础和课余时间利用情况等。学校要对课外科研活动作出合理定位，不可将之视为走形式、走流程，也不可将之视为高度专业性的科研项目，不能过分追求科技创新成果和效益，而要关注其教育属性，将之与课程教学相融合，发挥对学生创新意识和精神的培养作用。

2. 要良性运用"导师带徒"机制

高校很少要求学生独立设计和开展创新创业项目，而是倡导学生在教师的引导下，参与教师或学校科研机构的子课题。所以，学校须充分运用"导师带徒"机制，发挥导师的指导作用，为学生的创新创业项目开展提供合理的适当的指导，避免找错方向或得不到成果而使学生的积极性受挫。导师要站在指导者的角色上，不能手把手带学生做课题，而要引导他们独立研究和自学，从而培养其观察和分析能力、创新思维、批判性思维、探索精神等。引导学生在项目研究过程中积累经验，以便于未来独立完成课题项目，为其未来发展奠定良好的基础。

3. 要提供点面结合的各类组织支持形式

科研归根结底是一种创新、创造，课外科技活动的最终目的就是培养学生的创新意识和能力，学校要为课外科技活动的开展提供点面结合的各类组织支持形式。所谓"点"指的是课外科技活动课题项目，这也是大部分学校都在做的工作。学校会基于校情，划拨经费，鼓励学生自立课题，并围绕学生课题构建了从申报到评审全过程的规范程序和体系化的管理办法，这就是"线"。学校会根据学生课题项目的完成情况进行相应的奖励，既有物质上的也有精神上的，还会将之与学分系统挂钩，形成了一定的奖励机制，可以有效激发学生参与课题项目研究的积极性，奠定了良好的创新创业教育基础。"面"指的是以各类科技竞赛为主，构建活跃的创新氛围，以竞争方式和激励机制激发学生的创新意识和思维，促进创新型人才的培养。

当下，国家积极推进高校课外科技活动的发展，打造了"挑战杯"全国大学生系列科技学术竞赛，以此为龙头，带动和辐射各级各类学校的科技创新活动，构建了较为完善的激励机制。高校大学生积极参与这些科技竞赛，在竞赛过程中，逐渐形成和发展自身的创新意识和思维，锻炼创新能力，形成创新素养。此外，很多高校积极支持和鼓励学生组建和参与科研小组和社团，构建和完善学生科技组织网络，营造了浓厚的科技创新氛围，也为学生参与科技创新提供了机会。

但是，研究型大学创新创业教育体系的教育服务机制不能仅靠课外科技活动和指导层面的机制。学校内部的教学、学生和招生就业管理彼此独立，未形成系统，只将课外科技活动等作为学生管理的内容，而没有将之作为教学管理的内容，很多课外实践活动都是各自独立开展的，没有形成统一的管理和考核，缺乏计划性和系统性，很难保证创新创业教育效果。因此，还要从教学尤其是实践教学的层面出发，构建统一可行的教学服务机制。

（三）研究型大学创新创业教育体系的内部激励机制

1. 优化激励要素的配置

研究型大学创新创业教育体系内部激励机制的构建绝非易事，要牢牢抓住各主体的参与动机，关注其观念、素质和情感等因素。所以，高校要着重利用情感教育，激发学生的学习和创新创业激情，并且不断完善和改进奖惩机制，推进课程改革和学分制改革，激励学生参与创新创业实践活动，激励教师为学生提供指导，从而优化创新创业教育成效。既要充分利用显性激励措施，又要充分构建隐性激励环境，也就是构建创新创业校园文化，最终形成课内外联动的激励机制。

（1）设置创新学分，将创新创业活动与毕业学分体系挂钩，发挥其激励、评鉴作用。高校不仅要积极组织和开展创新创业活动，还要为其科学规范的开展构建良好的制度。首先，要划定创新学分的内容和范围，明确何种创新创业活动可以获得学分，以及创新学分的概念；其次，详细制定具体的创新学分评定标准，明确创新创业活动成果对应的学分数，以及属于什么类型的学分。此外，还要构建规范的运作制度，这样才能够有效激励学生参与创新创业活动。

（2）合理利用学校资金和已有设施，完善硬件设施，构建创新创业基地，为学生的创新创业活动提供物质和场地条件。学校可以通过校企合作和吸纳社会基金的方式，构建各类创新创业基地，与企业合作开发课题项目，使学生参与企业的产品研发或者自行研发产品，创办企业。

2. 注重物质与精神激励并举

只有采取合适的奖励手段才能够实现有效激励。高校要针对具体的对象合理设置物质奖励和精神奖励。物质奖励必然会带来物质利益，高校要改变只谈荣誉、不谈物质的观念。尤其在当下市场经济环境中，必要的物质奖励可以发挥巨大的激励作用，既要给荣誉，又要给"面包"。若是经历激烈竞争、投入巨大精力后只拿到一个奖状、一个称号，学生必然会感到失落，这样的奖励难以发挥激励作用。

高校要为学生的创新创业活动提供必要的经费，如果连基本的经费都没有，项目开展过程必然困难重重，更何况获得成果。所以，学校须合理设置物质奖励，先给学生"面包"。同时，还要合理设置精神奖励，避免学生为了经费而胡乱设立课题项目或者"蹭"项目，要以严格、公正的评审决出最终的优胜者，颁发荣誉奖状或称号，并作出宣传，给予获奖者充分的满足感和成就感。这样一方面可以避免不公正现象，使奖励更加公正、更加合理；另一方面可以发挥榜样的示范带动作用，激励更多的学生参与其中。

高校应当结合创新创业教育的开展情况，调整和制定相关激励政策，还要提供一定的资金、设施和场地，为学生的创新创业提供有利条件，减轻其创业阻力。

总而言之，高校须全面分析学生创新创业的动机、追求和需求等要素，针对性地制定激励措施，将物质激励和精神激励相结合，形成有效、有力的激励，促进更多的学生和教师参与创新创业教育，切实培养和发展学生的创新创业意识和能力。

3. 保持激励过程的及时性、持续性

在构建内部激励机制时，要积极构建完善、通畅的信息沟通渠道，保证激励过程的及时性和持续性。为了保证激励过程的及时性，要尽可能减少从操作到强化的时间。也就是说，当学生作出值得表扬的行为后，越快受到表扬，收到的激励效果就越大。这反映在创新创业教育中，就要求学校完善创新创业学分的认定机制，依托网络构建创新创业学分管理系统。这样学生可以随时上传学分认定资料，不必花时间到办公室提交材料，当然管理者也要及时处理这些资料，尽快认定学分，才能够有效激励学生参与各类创新创业活动。为了保障激励过程的持续性，须以适当的频率传递激励信息。及时的激励可以让学生形成积极的心理状态，不自觉地记住获奖行为并在之后再次作出这种行为。而对这一行为进行多次激励，就能够使他们形成积极的心理动力定型，并进一步形成良好的心理品质。对于学生的创新创业成果，不仅可以将之认定为学分，还可以选择合适的时间以课上表扬、微信公众号推送、校园广播等方式多次表扬。这样就能保证激励过程的持续性，进一步强化激励作用。

（四）研究型大学创新创业教育实施的保障体系

1. 政府的政策支撑

政府可以通过政策的形式为大学生的创新创业教育提供多样化的保障，倡导各主体积极参与，其中最明显的就是政府出台的各类大学生自主创业扶持政策，有力地推动了大学生的创业活动。

（1）政策法规支持

为了使高校创新创业教育获得更好的实施保障，政府须加强政策法规支持，既要从就业入手，结合高校毕业生就业形势和人才市场形势来制定政策，更要立足于宏观的经济视角，关注市场需求，着力构建积极活跃的创新创业环境，制定相关的优惠政策，相信在政策法规的引导和支持下，创新创业教

育能够更好地落实。

政府须着重推进相关的法制建设，给予强有力的法规支持和完善的法律保障，将原本繁琐的创业审批手续整合，去繁就简，为新创立的企业提供减免税收等政策。政府还须强化服务功能，为创业大学生提供从创业培训到跟踪辅导的一系列服务，一步步引导大学生创业，扫清其创业道路上的阻碍。结合高校创新创业教育的实施，不断优化和加强相关的政策、制度、投入等。同时，积极构建信用体系，规范和构建融资平台，为大学生创业降低门槛，使更多的大学生有机会、有条件自主创业。

（2）资金支持

大学生的创新创业实践过程中存在不少限制因素，很多大学生在资金方面存在困难，这是导致他们难以开展创新创业实践的重要因素。对于高校创新创业教育的实施而言，资金也处于核心地位。所以，政府须推进创业基金建设，增加在创业教育方面的资金支持，对大学生的自主创业提供有力帮助。政府要发挥带头作用，号召社会力量投资大学生创业，通过债务的形式给予他们创业资本，如可以提供小额贷款基金，使更多的学生可以通过贷款获得创业初期的资金，还可以利用财政资金针对性地构建多样化的技术创新及服务平台，为大学生的科技创新提供优先扶持。

（3）免费培训指导

创新创业培训不仅可以由学校发起，也是政府的工作内容之一。政府人力资源与社会保障部门本就负责职业培训工作，更要针对大学生创业提供免费的培训指导，积极拓展创业培训市场，规划创业场地，在项目咨询方面提供指导，并引导更多培训机构进入创业培训市场。政府应当积极构建和完善大学生科技创业辅导制度，对全国范围内的企业家、高校专家、科研院所专家等进行选聘，组建专门、专业的大学生科技创业导师队伍，以一对一、课堂教学、咨询等多样化的方式，为大学生的创业行为提供指导，切实增强其创业实践能力。

（4）建立创业教育中介组织

政府还可以积极引导和支持各种志愿性质的创业教育第三方组织的构建，使之成为大学生创新创业教育的中坚力量，为大学生创业提供有效指导。例如，政府可以针对性地组建国家级的创新创业教育研究机构，带头研究相关理论，构建并健全与我国国情相适应的创新创业教育理论体系，从而为高校教学工作作出指导，并领导各地高校开设专门的创新创业课程以及构建相应的课程体系。还可以通过资金、政策等引导社会力量构建创新创业教育机构，或者推进高校与社会力量合作，进一步推进高校的创新创业教育。

此外，要重点推进大学生创业中介组织的构建和发展，一方面可以构建大学生创业基地，与各类企业合作，共同为大学生的创业提供资金和咨询服务，提供创业平台等；另一方面可以将一部分政府工作承接到中介组织身上，如评估创业项目、提供小额贷款等等，为学生创业提供社会支持，这样可以激发社会力量在创新创业教育中的积极性，缓解政府压力的同时，也能够加强社会对政府工作的监督。

总而言之，当下国际竞争越发激烈，拥有大量的人才，才有竞争的资本；同时知识经济不断发展，呼唤着创新人才。创新创业教育已经成为关系着国家未来命运的重要工作，引导和支持创新创业教育是政府的重要职责。政府不仅要提供资金、政策等方面的直接支持，还要激发企事业单位、学校等其他主体的参与活性，引导教育合力的形成，加强对学生的创新创业观念和能力的培养。

2. 社会的舆论保障

创新创业教育在现阶段仍旧没有走出高校，参与的主要主体仍旧是教育界人士和部分政府单位，社会对此关注度不高，了解不多，社会对创新创业教育的参与度和支持性也不够，高校独木难支，非常需要社会的力量。同时，创新创业教育存在明显的区域不平衡性。这也和社会力量的缺位有关。所以，为了促使创新创业教育获得良性发展，应当构建这样的新格局：政府主导、高校主体、全社会关注与支持。需发挥大众传媒、新媒体的力量，以多样化方式和渠道，联合线上线下，加大宣传力度，增进社会对创新创业教育的了解，形成"敢于创业，创业光荣"的思潮，使全社会对创新创业教育形成充分的、正确的认知，并自觉参与其中，形成理想的社会环境，为创新创业教育的推进提供有力的社会舆论保障。

3. 企业的合作支持

创新创业教育是一个内涵丰富的工程，不能将之等同于就业服务或者指导学生创业，这就将其概念窄化了。高校和政府是其中的活跃参与主体，要发挥两者的积极作用，但是也不能忽视其中的不活跃主体，也就是企业的作用。创新创业教育最突出的特征之一就是实践性，实践教学比理论传授更加重要，它不仅仅是指高校或者政府组织的种种课题项目、创新竞赛等，还包括企业的一系列支持。企业处在产品创新和创业的一线，在创新创业教育中有着不可忽视的重要意义。它可以从创业方向、项目咨询、实习岗位、场地、资金等层面有力地辅助和支持创新创业教育的开展。校企合作已经成为如今教育改革的重要途径，很多高校已经和当地知名企业构建了较为良好的合作关系，但是这种合作的层次比较浅，往往只停留于资金层面。很多企业是因为希望获得政策优惠而参与创新创业教育，为高校提供资金或者一些实习岗位，但是并不关心教育成效。要使企业需更深入地认知创新创业教育，尤其是要看到它对自身发展的有利之处，从而自觉地从实践层面提供支持，追求双赢。所以，高校须积极探求深层次的校企合作方式，使企业成为创新创业教育过程中的深度参与者，如将企业的产品研发项目作为大学生创新创业课题，吸纳企业高管或技术人员作为指导老师，派遣校内教师深入企业一线，等等。企业还可借助自身的社会地位、社会影响力和宣传力量，扭转当下对创新创业冷漠和否定的社会普遍观念，构建创新创业友好的社会环境。

4. 家庭的支持配合

家庭教育是整个教育体系的重要组成部分，影响着学生三观的形成。学生的创新创业行为不仅受到个人观念、能力和素质的影响，也离不开家庭的支持。学生的就业和创业观念一定程度上是由家长的就业和创业观念所左右的，当家长非常鼓励，甚至在资金上支持学生创业，那么学生就会更加积极地参与其中，并且有着坚定的创业信念；若是家长对学生的创新创业想法和行为冷嘲热讽，学生可能会直接放弃相关想法和行为，或者在创新创业的过程中畏首畏尾，最终失败。所以，家庭对创新创业教育的作用不容忽视。

创新创业教育的实施离不开家庭的支持配合。大学生在创新创业的实践中也会受到来自家庭的影响：首先是思想观念，部分家长觉得孩子毕业后就应该尽快找一份好工作，自己创业会被认为是找不到工作，没面子；其次是资金方面，家庭已经为孩子的教育花费很多资金，创业更是需要大量的资金支持，家长担心为此花钱会"打水漂"。针对这些问题，创新创业教育工作者应当积极和家长交流，了解家长的想法，同时使他们了解创业的价值，为他们介绍相关的优惠政策，帮助家长改变落后的教育观和人才观。使家长认可创业也是孩子步入社会的良好选择，了解、接受进而重视创新创业教育，同时为孩子的创新创业创造良好的家庭环境，积极配合学校，增强孩子勇于创新、积极进取、不惧困难等优秀品质，使孩子拥有更多的选择。

第五章　大学生创新创业教育实践策略

本章主要内容为大学生创新创业教育实践策略，详细介绍了大学生创新创业教育课程体系构建、大学生创新创业教育实践教学体系构建、大学生创新创业教育的教学方法创新与科学评价以及大学生创新创业教育发展趋势与路径选择。

第一节　大学生创新创业教育课程体系构建

一、高校设置创新创业教育课程的目标

在社会经济日益加速发展的背景下，提升高校学生综合素养水平的呼声愈加强烈。因此，高校实施创新创业教育，应以课程体系为融入方向、以市场需求为目标导向，坚持创新创业教育基本原则，实施健全的创业教育课程体系。此外，高校也应科学合理规划创新创业教育课程内容，完善教学方法选择路径或方向，体现创新创业教育的内涵式发展特点，将课堂教育与实践教育相融合。

创新创业教育以培养掌握创业技能、具备创新精神的复合型人才为目标，因此在高校进行创新创业教育是可行且必要的。首先，高校应结合教学体系设置创新创业课程，并将创新创业课程与技能培训课程区分开来。应该明确的一点是，在高校设置和实施的创新创业教育课程，既要教会学生必要

的专业理论知识和技能，也要培养学生的创业意识和创新精神。而要想实现如上要求，就需要完善创新创业教育课程教学目标，方法有以下两点。

一是将强化创业意识、创业技能及创业知识理论水平作为创新创业教育课程教学目标。当前，高校学生的心理素质及实践能力，是影响创新创业教育课程教学的关键因素。因此，高校需要坚持实施、推进创新创业教育课程，通过课程教育帮助学生了解我国的就业形势，形成正确的创业意识和良好的创新素养，以积极乐观的心态适应市场就业环境。结合此分析，高校应坚持将培养学生的创业意识和发展学生的创业精神相统一，在校园中创设良好的创业氛围，使学生在参与校园创业活动中自觉发现兴趣点和关注点，树立正确的创新创业思想价值观念。当然，作为高校学生，同样应该把握改革创造的契机与良好条件，逐步发现和确立创业目标，结合我国社会行业发展机遇投身创业。

二是以培养少数具有潜在创新能力的学生为目标。高校应重点关注具有创新潜能的学生，支持并鼓励他们进行创业，从中总结创业实践经验，使他们形成良好的人格品质、业务能力和创业技能。高校还要面向具有创新潜能的学生实施创新创业教育，其中主要包含决策能力教育、应变能力教育、抽象思维能力教育和管理创新能力教育，同时又要使他们掌握必要的创业沟通技能，树立高度的团队合作意识，既能熟知创业融资流程，又能学习优秀企业家的精神，妥善处理企业资金运转难题，以良好的心态应对突发或危机事件。高校创新创业教育是一个循序渐进的过程，作为高校创新创业教育的重要组成部分，教师应熟知其中的复杂性，及时发现问题、分析问题，通过解决问题完成创新创业教育目标。

（一）高校创新创业教育的共性目标

我国高校应坚持将培训学生的创业基本素质作为开展创新创业教育的共性目标。所谓创业基本素质，一方面是指与生俱来的因素，即通常意义上的创业天赋；另一方面是指社会磨炼形成的因素，即与创业有关的精神品质。

但无论是哪类创业基本素质，都是创业过程中不可或缺的部分，且都具有相对稳定的特征。下面将从四个方面详细分析高校的创新创业教育共性目标。

1. 创业意识

创业意识对创业的全过程起着非常大的作用，它集中地反映了创业者创业时的全部社会属性。笔者对创业意识的解释是：创业者在创业活动中所表现出来的心理素质。创业意识会对创业者早期的创业活动产生较大影响，创业意识主要涉及创业动机、创业机遇、创业行业分析、创业潜质等内容。

2. 创业知识

创业知识是创业者在创业过程中需要具备的知识与能力素养，具体包括企业管理知识素养、营销策划能力素养、法律法规素养等方面。创业知识是培养及发展创业思维的必要前提，也是决定创业活动进程及创业方式的关键因素之一。

3. 创业能力

创业能力与创业意识是有本质区别的。创业能力是创业者在社会磨炼中逐步形成的，如社会学习活动和社会实践活动等，对创业活动效率具有决定性的影响。因此，创业者应该拥有包括决策能力、团队合作能力、领导能力、人际交往能力等在内的创业能力，以保证创业活动顺利进行。

4. 创业品质

创业品质，即创业者在创业过程中形成的创业道德品质。良好的创业品质是确保创业活动如期进行的关键，指导创业活动应遵循国家有关法律法规进行。对社会公认度较高、社会责任感较强的创业企业来说，应该将创业品质作为创业必备条件。创业品质是创业者的思维与行为模式的集中反映，如创业者对于社会道德的理解、创业者的社会责任感与创业者的自我情绪控制能力等，都是创业品质的内容。

（二）高校创新创业教育的个性目标

高校创新创业教育共性目标，是指导高校学生进行创业活动的基础性前提。因此，为保证创业活动得以顺利进行，实施创新创业教育就显得尤为重要。而高校实施开创性教育的条件，应为确立高校创新创业教育个性目标。从本质上来看，高校创新创业教育即为创造性的教育，它需要借助创新创业教育个性目标来实现。简单来说，高校应将培养创业者创业技能与知识作为创新创业教育个性目标，并依托良好的社会环境，理性构建创业新格局。开创性教育的内容包括以下几方面。

1. 敏锐的洞察力和决策力

好的创业者一定会有创业前瞻性眼光，可以根据市场变化发现市场商机，占据市场有利地位。当创业者制定创业决策时，可以根据已有的创业意识和创业能力进行自主的、理性的决策。

2. 冒险精神和竞争意识

创业过程是艰辛的、复杂的，这就需要创业者及时了解并掌握市场信息，科学合理看待市场机遇，做到敢于冒险、不畏竞争，针对创业过程中可能出现的风险或挑战提前做好预案。与此同时，创业者也要勇于面对激烈的市场竞争环境，培养积极向上的创业竞争意识。

3. 坚强意志和创新能力

创业初期及创业瓶颈期是创业者必然要面对的阶段，因此创业者要具备坚强的意志，发挥个人的创新能力解决难题。创业者所从事的活动具有创造性，这一特点要求他们能够打破常规，创造性地从事活动。

4. 适应市场的变化，加强沟通

创业者应该认清复杂多变的市场环境，从地理位置、政策制度等方面适应市场。合格的创业者需要具备领导的潜力，即统筹市场全局，特别是针对复杂多变的创业环境，创业者更应发挥处理问题的专长，认真总结他人经验或建议，保持合理明智的选择。同时，创业者应该学会沟通，这是因为创业活动过程需要协作和配合。保持与他人友善和睦共处，在市场经济大背景下完成创业准备工作。

二、高校创新创业教育课程体系建设现状分析

经过 10 多年的发展，国内的创新创业教育课程已经在各级各类高等院校普及。无论是体系建设、内容设置，还是学校的重视程度、学生的参与度等都取得了长足发展。同时，创新创业教育课程建设也面临着一些亟需解决的问题。

（一）创新创业教育课程体系初步形成

高校高度重视创新创业教育工作，已经初步形成了创新创业教育课程体系：课程覆盖面广、学生自主创业率逐年增长；注重大学生创业意识、创业精神和创业能力的培养，形成了多样化的课程体系；积极探索融合性课程，为培养高素质、高技能创业型人才提供新模式。

1. 课程覆盖面广

由于高校对创新创业教育的高度重视，创新创业教育课程已经广泛在各大高校开设。据统计，有 90% 以上的浙江高校开设了不同形式的创新创业教育课程，其中 70% 左右的高校以选修课的形式进行教学。从研究型大学到高职高专类院校，都开设了创新创业教育课程，尤其是在面向全体学生的公共选修课中加入创新创业教育模块，使更多学生有机会接受创新创业教育，培养创业意识。

2. 课程体系多样

目前，国内部分高校已经形成了多样化的创新创业教育课程体系，大致可以分为三类：第一类是面向全体学生的创业通识课程，以培养学生的创业精神和创业意识为目的；第二类是以创业强化班和精英班为主的创业教育课程，以鼓励学生成为自主创业者为目的；第三类是由国际劳工组织设立的创业教育课程，如"大学生 KAB 创业基础""创办你的企业（Start Your Business，SYB）"课程等，是以普及创业知识和技能为目的。上述课程体系在培养学生的创业意识、创业精神和创业能力等方面都已初见成效。

以浙江大学为例来分析，在教务处正式注册的、列入教学培训计划的课程分博士、硕士和本科三层次七小类，具体内容如表 5-1-1 所示。

表 5-1-1 浙江大学创业教育课程层次与类型

课程层次	类型	开课学院
本科	主修专业：创业管理	管理学院
	第二学位：创业管理	管理学院
	辅修专业：创新与创业管理	竺可桢学院
	全校公共选修课	全校范围
	MBA（工商管理）	管理学院
硕士	科学硕士	管理学院
博士	创业管理博士	管理学院

浙江大学在全校公共选修课体系中引入"大学生 KAB 创业基础"课程。该课程属于共青团中央、全国青联与国际劳工组织合作的 KAB 创业教育（中国）项目，以国际劳工组织编写的英文教材为蓝本，其核心内容是国际劳工组织为培养大中学生创业意识和创业能力而专门开发的课程体系。该课程教学内容分为 8 个模块，依次为：什么是企业、为什么要发扬创业精神、什么样的人能成为创业者、如何成为创业者、如何找到一个好的企业想法、如何组建一家企业、如何经营一家企业、如何准备商业计划书，教学时间为 36 个学时。

2008 年 5 月，浙江大学党委学工部引入"创办你的企业（SYB）"项目，该项目面向浙江大学全体全日制学生，学生只需经过面试选拔即可免费接受培训。SYB 是"创办和改善你的企业（SIYB）"系列培训教程的一个重要组成部分，由联合国国际劳工组织开发，是为有愿望开办自己的中小企业的人量身定制的培训项目。SYB 的培训课程总共分为两大部分：创业意识培训和创业计划培训。

在课程设置上，浙江大学的创业教育课程可分为创业知识类、创业能力类和实务操作类三大类，如表 5-1-2 所示。

表 5-1-2　浙江大学创业教育课程内容

课程类型	课程内容
创业知识类	管理学、经济学、会计学、财务管理、创业管理、市场营销、组织行为学、人力资源管理、创业融资与投资管理、创业风险管理、国际商务、企业法与知识产权管理、企业战略管理
创业能力类	管理沟通、新产品开发、项目管理、创业领导
实务操作类	商业计划书、创业竞赛、企业实习

3. 探索创业课程与专业融合

将创业教育课程与专业课程有机融合，并与培养学生创业精神和创业意识同时进行，这既是今后创业教育发展的趋势，也是创业教育向更高层次发展的需要。在专业教育过程中应融合创业教育，以此体现该学科专业领域前沿知识、相关交叉学科专业前沿信息、相关产业和行业发展前沿成果。将创业课程和专业课程进行整合，应该从创业活动入手，将创业实践环节作为重点，让高校学生对专业技能有一个全面而深刻地把握，并向他们提供和创业活动有直接联系的专业技能。

当前，国内高校已着手探索创业课程与专业融合。例如，温州大学立足自身创业人才培养创新实验区的优势，探索将创业教育课程融入服装设计、法学和汽车工程等专业课程中。依据温州形成的市场经济环境，温州职业技术学院专门开设"温州经济专题""创造学与创造思维""商品学知识""品牌专卖店管理"等课程，这些课程内容均涉及创业内容。另外，该学院教师还组织编写《创业指导读本》《温州创业史》《温州人精神读本》特色创业教材，力求将创业知识贯穿于专业教学之中，让学生掌握创业所需的经济学知识、企业管理知识、文史知识和法律知识，培养他们的创业意识。

（二）创新创业教育课程实施效果欠佳

受到多种因素的影响，高校创新创业教育课程实施效果不佳，主要表现为课程体系的整合度不高，课程内容编排不够合理，教学方法有效性不足。

1. 课程体系的整合度不高

国内高校中普遍存在创新创业教育课程体系整合度不高的问题。为了全面落实创新创业教育的方针政策，各高校开设了多种形式的创新创业教育课程，但是不同的课程隶属于不同的管理和实施主体，彼此之间缺乏关联和整合，资源呈现条块分离，这些都造成了创新创业教育的资源利用率较低、重复和浪费现象。

高校普遍存在多重管理主体的问题。创业教育强化课程一般是由管理学院和经济学院提供，专业化创业教育课程隶属于不同的专业学院，SYB（创办你的企业）、KAB（了解企业）等课程则由团委和学生处等单位负责，各类创业课程相互独立、分散实施，缺乏联动机制。高校创业教育不必要的人力、物力浪费问题严重，不利于统一管理和资源整合。导致这一现象的原因有很多，主要是很多高校的创业教育实施是基于行政指令，抱着完成教育部任务的心态来开设创业教育课程，属于"任务主导型"，缺乏内在的发展动力，创业教育没有成为学校的自发性需要。一些重点高校以追求"高精尖"的学术研究为导向，更容易忽视创业教育，也没有将之纳入人才培养的整体规划中。

2. 课程内容编排不够合理

课程实施过程需要参考课程内容，课程内容编排合理与否会影响甚至决定课程的实施过程。科学合理的教材对培养高素质创业人才至关重要，但是就高校创业教育课程开设现状来看，绝大部分创业教材及教学内容上缺乏标准和权威，这是因为有些教材是从国外教材中翻译过来或者单纯移植过来的，缺少与中国现实相结合的内容；有些教材只是把零碎创业活动的做法简单地梳理一下，理论深度还远远不够，合理性还不够；还有少数根据本地及本校实际编写的校本教材，缺少科学的论证，多为简单拼凑而成。这些教材都不能很好地展示创业教育的理论深度和实践发展，不具备普遍指导意义。

目前高校的创业教育教材参差不齐、缺乏理论合理性，没有形成针对不同类型高校的统一教材体系。当然，这一现象的存在是由于中国创业教育整体发展还不够成熟，同时也与中国创业教育师资匮乏密切相关。

3. 教学方法有效性不足

作为实施创业教育的手段，教学方法也非常重要，而在实施创业教育的高校中，普遍存在教学方法单一、实践性和有效性差等问题。高校中的通识类创业教育教学大都以讲授法为主，每学期安排1～2次实地参观（科技园、公司企业等）；在专业类创业教育教学或创业强化班中，活动以讲授创业理论知识为主，辅以专家讲座、实习参观等活动。这些方法都是以理论知识的传授为主，与传统经管类、商学院教学方法并无差异，缺少实践操作类的教学方法，如以项目为中心的教学方法不能很好体现创业教育的专业特色，更谈不上创业教育教学中的针对性。

三、高校创新创业教育课程体系建设策略

创新创业教育具有实践性强的特点，高校创业创业教育不能单独脱离课堂而展开。创业教育和其他普通教育相比具有较大差异，不少专家学者也对如何设置高校创业教育课程发表了相应看法。我国高校的创业教育课程体系总体遵循三种设置思路。一是按照授课内容将创业教育课程分为实践性课程与理论性课程，二是按照课程表现形式将创业教育课程分为隐性课程与显性课程，三是按照授课形式将创业教育课程分为学科课程、环境课程、活动课程和创业课程。下面将结合我国高校设置的创新创业教育目标，研究创新创业教育课程体系。

（一）创新创业教育的基础学科课程设置

我国高校设置的创新创业教育基础学科课程，是在推进创业者的创业活动这一目标基础上，引导创业者自主建立创业基本理论体系，使他们了解与创业有关的知识，完善创业知识技能储备水准。该课程的教学体系又具体涵盖创业教育基本理论、创业知识基础和创业辅导课程三部分内容。

1. 创新创业教育基本理论课程设置

设置该课程是为了引导学生熟悉创业理论知识，掌握与创业理论相关的内容，具体下设创业学概论、创业基础理论、创业辅导等课程。

（1）创业学概论

该课程是实施创业教育的基础（即创业教育入门课程），主要教学内容包括创业知识讲解，如创业活动准备、创业活动实施等理论要点，要求学生灵活运用创业活动知识开展创业活动实践。

（2）创业基础理论

该课程安排在创业学概论之后，以讲解创业重点知识为主，引导学生自主养成良好的创业素质与创业基本能力，并通过学习国内外成功创业者的创业经验，更好地调动创业积极性，学会正确看待创业企业的成长历程。

（3）创业辅导

该课程主要围绕讲解创业基本知识展开，使学生明白创业活动的意义所在，并尝试自主规划个人的创业活动发展方向，具备正确的创业活动思维和行为方式。在创业活动中认识创业市场，是指导学生合理利用创业资源、正确看待创业过程的关键所在。

2. 创新创业教育专业理论课程设置

设置该课程旨在要求学生掌握与创业有关的学科知识，其教学体系主要涵盖创业法律基础、创业案例研究、管理学、市场营销学。

（1）创业法律基础

该课程是实施创业教育的基础课程，其教学重点围绕介绍我国法律环境展开，使学生熟悉创业过程中涉及的法律法规，如公司法、行政法、知识产权保护法、劳动法、环境保护法、合同法等。通过对这门课的研究和认识，创业学生可以做到知法律、懂法律、遵守法律，明确法律规定的创业范围，用法律来武装头脑。

（2）创业案例研究

为创业者提供真实案例，从中分析和总结创业成功或失败的经验，并寻找成败关键环节，以期对自身创业实践活动提供有价值的借鉴。

（3）管理学

该课程在企业管理中处于基础性地位。创业者要想掌握管理学知识，就应该学习管理学课程，从中理解计划、组织、管理、决策等与创业活动相关的常规流程，只有这样才可以自主完成市场评估与选择，并有效抓住市场机遇，减少创业投入成本。

（4）市场营销学

该课程重在讲解市场规律及其特征，要求学生在学习市场营销知识的基础上，深刻理解市场这一概念，以便能够更好地抓住市场机遇。该课程也会讲解市场环境、消费者市场行为和分析市场等内容，使学生能够熟练运用市场营销策略或手段，遵循市场营销活动的基本程序及方式方法，科学有效地将市场营销手段运用于创业活动中。

3. 创新创业教育辅助课程设置

设置该课程重在提升学生的创业活动质量，具体下设多个学科课程体系。在实施该课程教学过程中，教师需要根据学生的创业素养（如创业知识素养、创业兴趣爱好素养、创业能力素养等）开设多样化的活动。

创新创业教育辅助课程，重在培养并发展学生的创业兴趣，通过向学生讲解优秀企业家具备的创业品质，可以使学生养成良好的创造性思维和更广阔的创业视野。在制定或优化创新创业教育辅助课程体系时，高校应该着重考虑已有的师资教学团队规模和水平。当前，我国部分高校仍旧忽视创新创业教育课程体系的地位，缺乏与此相关的师资教学团队。为此，高校应该积极开展专题培训，如管理学教师可向学生解释企业家精神、各地管理基本理论和其他有关知识。

综合而言，各高校可将创新创业教育辅助课程作为选修课，由学生自主选择是否参与学习，尽可能地满足学生的创业需求，进而逐步提升高校创业教育质量。

（二）创新创业教育的活动课程设置

创新创业教育课程具有较强的实践性特征，在创新创业教育课程改革背景下，开设创新创业教育的活动课程显得格外重要。在创新创业教育活动具体实践过程中，创业学生可以了解创业活动总体过程，并从具体的创业活动中寻找个人所关心的发展方向，把拥有的知识、信息、技能与资源专门用于真正的创业活动，完成创业者的创业意愿。在这个过程中，创业学生可以理解并把握创业活动中的一些基础细节，为实实在在的创业活动打下坚实的基础。创新创业教育活动课程可从如下四个方面进行评价。

1. 创新创业教育集体活动课程

创新创业教育中集体活动课程呈现广泛性特点，这一活动课程要以学校创业教育整体目标为依据，针对全校的创业学生开设，目的是让创业学生详细理解创业活动，明白企业的真实运作流程与导向目标。该课程讲授方式可分为报告和讲座两种，学校会定期组织与创业相关的讲座会议，并邀请创业教育专家或成功创业者，与创业学生进行面对面沟通，创业学生可从中获得创业经验或知识。总之，该课程可以发挥创业学生的创业精神，提升其创业素质。

2. 创新创业教育专题活动课程

创新创业教育专题活动课程，以创业教育集体活动课程为依托，专为创业活动某一环节进行创业教育实践。该课程涉及的专题环节，主要有营销环节、决策环节等，是创新创业教育活动的重点环节，学生可结合自身的兴趣或学习能力自主选择课程学习环节。通常，创新创业教育举办的专题活动大多带有商业计划竞赛性质，旨在培养与提升学生的团队合作意识和竞争意识等。常见的创新创业教育专题课程有模拟营销大赛、学习企业文化等。

3. 创新创业教育项目活动课程

该课程是将高校创业教育目标作为设置依据，将创业教师作为课程教学指导主体，要求学生结合创业活动主题自主完成创业活动项目并设计任务，而高校则需要提供必要的政策支持，以便激发学生亲身参与创业实践的积极性。同时，创业教师应引导学生从中总结创业经验，由此逐步提升学生的自主创业能力，学会判断和管理创业过程，形成良好的创业素养。

4. 创新创业教育项目潜在课程

该课程是将营造良好的创业活动氛围作为教学重点，以"润物无声"的方式影响学生的创业心理，帮助学生养成良好的创业品质，为提升高校创业教育质量奠定基础。因此，高校教师在实施该课程教学过程中，应积极利用已有的教学条件或教学资源，如开设优秀企业家经验推介交流会等活动，引导学生从中学习优秀企业家的精神品质，正确认识创业活动。

（三）创新创业教育的实践课程设计

该课程旨在培养学生的知识应用素养和创业技能，拓宽高校学生创业认知视野，开发高校学生潜在的个人技能。

1. 模拟创业实验

所谓模拟创业实验，是指学习并体验创业全过程，包括创业项目选择过程、创业团队组建过程、创业管理经营过程及创业产品或服务营销过程、创业决策过程等。该实验的实施应该结合必要的案例分析，要求学生根据所分析的案例和从中获得的经验，对在创业实践活动中遇到的难题进行剖析和解决。该课程具体涵盖沟通技巧与训练、商业营销模式、商务案件分析、商业计划与培训体验等内容。

2. 创业实践

所谓创业实践，是指要求学生结合所学的创业理论知识开展创业活动实践的过程。具体途径包括两种：一是在校内开展创业实践，鼓励学生自主选择校内创业实践方式；二是利用校企合作平台，由学校负责联系社会企业组织交流合作，使更多同学走进企业内部实习，理解企业运行和发展模式，积累解决各类的经验，为自己创业奠定基础。

四、高校创新创业教育的学科化发展取向

目前，我国高校创新创业教育改革不断深化，整体呈现纵深推进的良好局面。但在高校创新创业教育进一步深化改革过程中，仍旧存在"中梗阻""最后一公里"等问题。具体而言，是指部分高校的理论行动大于实际行动，缺乏明确的教学观念、教学措施和培养模式等问题。那么，该如何激发高校落实创新创业教育的内生动力，防止名义上的"加强"，而实际上的"虚化"甚至是"落空"的问题？根本出路在于切实加强创新创业教育的学科建设，着力稳固高校创新创业教育学科基础。在高校内部，各个学科是学术发展的基础。因此，学科建设是高校建设的基本单位，任何知识传播都需要以学科建设为依托。

我国现阶段的高校创新创业教育还不具备独立学科特征，但正在朝着为构建成熟的学科体系而不断积累条件的方向前进。研究高校创新创业教育发展取向，应以"学科化"为重点。"学科化"是教育走向"科学化"发展的过程，即重视过程导向。开展高校创新创业教育"学科化"发展取向研究，应关注几方面内容：一是要针对研究过程中使用的研究方法，或者研究程序缺乏规范性等问题，注重确立相对独立的研究规则，指导研究向规范化方向发展；二是要针对研究过程所带来的业余性、感悟性和议论性结果，注重培养专业精神与态度，促进研究向专业化方向发展；三是要针对研究过程广泛存在的宏大叙事与主观臆测现象，注重获取相对准确的知识，构建相对系统的理论，保证研究科学化。

目前的"学科化"，就是要厘清一线工作者与专业教师之间的学科"归属感"问题，搭建"学术职业"有效发展的载体；就是要确定创新创业教育目标及定位，探寻切实克服功利主义价值倾向的重要路径；就是要坚持规范化、专业化和科学化的创新创业教育和实践，真正将之作为管理者办学、教师教学和学生求学的指导逻辑，然后获得持续发展的内生动力。

（一）中国高校创新创业教育的学科化特性

高校创新创业教育学科化特性是高校学科建设的基础，做好高校创新创业教育学科建设工作，应加强大中小学之间的纵向贯通联系，实现整体有效连接；应加强政府与企业、社会的横向协同联系，构建开放式协同育人机制；应积极适应大众创业和万众创新的时代发展需求，通过人才驱动达到创新驱动，培养和造就符合时代发展要求的创新创业人才。因此，当前我国高校创新创业教育学科化的基本特性主要表现在以下几方面。

1. 创新创业教育学科化的整体性

推动实现创新创业教育学科化，应将它视为整体性的系统工程，必须考虑构成因素及制约因素。创新创业教育同政府政策、经济发展、社会进步、科技创新与文化等外在诸因素之间，存在着错综复杂的联系，而要想梳理这种关系，就应该做好对相关学科原理和知识的兼收并蓄，将各学科概念、方法和技术手段彼此融合使用，循序渐进地构建高校创新创业教育原理体系、知识体系、方法论体系和比较研究体系。

创新创业教育课程有其设置逻辑，而不是简单地将管理课程叠加、整合，因此不能完全将之视为市场营销课程、金融财务课程或人力资源管理课程等。在实施创新创业教育过程中，教师应使学生明白企业成长与发展的生命周期，理解创业过程的复杂性与艰辛程度。此外，教师也要整合相对独立和分散的职能性课程，帮助学生建构健全和完善的创业知识系统，帮助创业学生对扑朔迷离、变幻莫测的创业过程形成一个全面、深入的认识。

部分高校管理学院或商学院虽然学术基础较强，但是却在实施创新创业教育过程中难以取得应有成效。有学者指出：迄今为止，管理学院为本科生和研究生设置的管理课程主要是职能性的，对于创新和整合性的课程没有给予足够的重视，这和时代的发展要求是不相适应的。

基于对创新创业教育学科化整体性的重视，杰弗里•蒂蒙斯提出了以"商机驱动""团队驱动""资源驱动"三个核心要素相匹配、相互兼顾的"蒂蒙斯模型"，该创业过程模型所要处理的核心问题是保持整体平衡。因此，强调整体性成为蒂蒙斯创业教育理论与实践课程体系的突出特点，整体构建创新创业教育体系同样成为高校创新创业教育研究与实践的重要趋势。

2. 创新创业教育学科化的开放性

为完成创新创业教育任务，政府、社会和企业须共同为高校提供教育平台或资源。当前，创新创业教育应重点关注和解决的问题，是"如何统筹并聚合各种资源，使之形成合力，共同服务于学生全面发展"。这就表明，创新创业教育已成为维护各方之间关系的桥梁与纽带，而以创新创业教育为核心，高校又与政府、企业、社会等部门以及个人之间建立起紧密而广泛的关系，由此在全社会范围内形成支持大学生创新创业教育的网络。创新创业教育学科化具有的开放性特征，又对创新创业教育的学科发展趋向、教师素质及教学方法改革等提出了新要求，具体如下。

针对创新创业教育学科发展趋向问题，高校不能仅是简单地开展理论研究，也不能停留在对未来教育前景的描述层面，而应重点关注和解决个人的"教育工程"。另外，高校开展创新创业教育工作，不能只是从"应该是什么"入手，而是要重点探究做什么以及如何做。这是创新创业教育以国家需求为导向的开放性特征，它不仅要"指向"全新的教育取向，而且还要将全新的教育取向落实在教育工程技术转变的过程，进而实现创新创业教育理论与实践的统一。

针对从事创新创业教育工作的高校教师，要想担负起社会活动家的角色，就应该踏踏实实地从高校所处的社区或城市出发，从而赢得支持和聚合资源。此外，还要具备国际视野与胸怀，做到"以我为主、为我所用"，娴熟地运用"引进来、走出去、充分把握前沿信息"的方法，建立面向全球的发展战略，构建大平台、聚合大资源，奠定高校学生长远成长基础。

针对开放性学科化特征研究创新创业教育，重点要明确"做什么""如何做"这一教学任务，并且要求教师从中进行反思。此外，创新创业教育不应局限于"粉笔＋讲授"这一传统教育形式，而应充分考虑创业教育领域中

"缄默知识"的既定事实，呼吁创新创业教育重新回归至本源，即创业者在创新创业实践活动中汲取经验，而非隐入纯粹空想思辨和形而上玄学抽象的局限中。当然，对创新创业教育的学习与研究，还必须以丰富多样的创新创业实践为导向，让创新创业教育在"改造世界"中经受住考验，在实践中不断成长。

3. 创新创业教育学科化的时代性

高校创新创业教育理论研究与实践活动的进一步发展，与所处时代主体特征密切相关。1953 年，时任芝加哥大学校长的赫钦斯预言："如果我们得以幸存，我们将活在衣食无虞却工作短缺的世界，机器将代替我们工作。"事实证明，他的预言真实地反映了当今时代特征。当前，"衣食无虞却工作短缺"正在成为全世界政府最头痛的社会问题之一。因此，世界各国政府才更加重视创新创业教育。由于传统产业所创造出来的工作岗位已被"机器"所取代，当代人要想工作就只有自己去创造工作岗位。此外，要想解决该问题，还应该加快"就业友好型"社会的发展。由于国家对拥有集中性资金和技术的大企业进行投资和建设，这就导致很难形成大量的就业岗位，于是就出现所谓的"奥肯悖论"，也就是经济增长和就业增长之间的关系失衡，经济增长并不一定就会增加就业岗位。加快"就业友好型"社会发展，意味着在保持经济增长的同时，还应适当增设和扩充就业岗位，对于就业吸纳能力较强的中小企业则应给予更多的扶持。基于此，我国高校创新创业教育理论研究与实践活动才会呈现出鲜明的时代性特点，这也呼吁我国高校创新创业教育要走中国特色发展之路，同时解决高校学生就业难这一问题。

应该注意的是，"工作短缺"并不是当今时代所独有的问题，在知识经济占主导地位的世界经济形态背景下，创新创业精神显得尤为重要。经济知识化和社会信息化是知识经济时代的主要特征，正如有学者指出的，大学必须一改传统的仅教现成知识的教育模式，应该确立创造性的教育思想，特别是清华等重点大学更应把培养学生创新精神放在首位。

处在知识经济时代，高校已由社会边缘向社会中心迁移，并直接成为孕育新兴产业、促进经济发展的主导力量。由高校所培养出的创新创业型人才，在知识经济时代已经成为社会发展的主要推动者，这些人才已经不是工作岗位上的搜寻者，而是工作机会的创造者，他们开发创造的新兴产业，为高校毕业生等青年就业群体搭建了一个实现人生价值的平台。也正是基于这一鲜明的时代特征，党和国家领导人才会高度重视青年创新创业教育。

知识经济时代，创新成为推动社会转型发展的关键要素，创业成为改善经济民生质量的重要依据。创新创业要成为经济发展动力引擎，就必须以创新创业教育为抓手，加快造就一支规模庞大、具有创新精神和敢于投身实践的创新创业人才队伍。

（二）中国高校创新创业教育的学科化道路

我国高校创新创业教育经历了以政府为推动力量的飞速发展之路，政策导向由"以创带就"向"大众创业、万众创新"延伸，创新创业成为经济社会发展的动力引擎。因此，高校应该明确创新创业教育并非一项"临时性工作"，并非针对目前经济下行压力增大而实施的紧急举措，并非破解高校毕业生求职难题的权宜之计，而是为促进高等教育改革和发展、全面提升人才培养质量、着力打造"大众创业、万众创新"生力军所实施的战略抉择。我国高校需根据我国国情建设创新创业教育学科，坚持走"专业式"与"广谱式"双轨并进、"问题导向"与"学科导向"统筹兼顾、"政府驱动"与"高校需求"上下互动的特殊道路。

1."专业式"与"广谱式"双轨并进

"专业式"创新创业教育在美国已经成型。1947 年 2 月，时任哈佛大学商学院的迈尔斯·梅斯（Myles Mace）教授为 MBA 学生开设了"创业企业管理"（Management of New Enterprises）课程。这一历史事件，为美国大学创业教育确立了三大传统，即：商学院（管理学院）成为高校创业教育主体；创业教育和 MBA 学生培养密切相关；以"新创企业管理"为导向开展创业教育。创新创业教育的"专业式"传统被哈佛商学院继承并坚持至今，其教育对象只面向 MBA（工商管理硕士）学生。"专业式"创新创业教育由教师、教材、案例、基础理论等构成，创新创业教育也在商学院内部经历了"自生长"向"自成熟"的专业发展历程。

20 世纪 90 年代，"广谱式"创新创业教育逐渐得到推广和应用。"广谱式"创新创业教育课程是面向全校学生开设的，它采用以提高全校学生创业素养与创业能力为主线的发展模式。最近几年，"广谱式"创新创业教育发展势头迅猛，高校创新创业教育总体上向"广谱式"模式迈进。于是，除商学院之外，其余学院也可教授创业知识。高校创新创业教育学科化应努力为"专业式"和"广谱式"创新创业教育创造"双轨并行"条件，真正做到两者"相互助力"。

"广谱式"创新创业教育，其显著优势在于理念超前，即做到"全覆盖""分层次""差异化"的统筹兼顾；而"专业式"创新创业教育，其显著优势则在于目标清晰，对学生实际创业能力的培养具有较强的基础。

推进高校创新创业教育学科化，要在"广谱式"创新创业教育先进思想指导下进行，同时又要依托"专业式"创新创业教育专业实力，保证二者"相互助力"。因此，高校既要充分发挥"专业式"创新创业教育的优长，又要积极促进创业教育项目与学科专业教育充分接轨。通过面向全体学生开展"广谱式"教育，以此为学生"种下创新创业的种子"；通过面向毕业生设定"创业遗传代码"，以此普遍培养并增强各专业学生的创新意识、创新思维与创新能力；通过面向少数具有创业意向的学生设立创业实验班，以此向这些学生提供实际的教育咨询援助，使他们能够在上学期间或毕业后开始创业。总之，通过融合、建构"专业式"和"广谱式"创新创业教育"双轨并行"运行机制，能够推动教育质量全面提高，学科建设共同进步。

2. "问题导向"与"学科导向"统筹兼顾

中国高校创新创业教育的研究和实践是以"问题导向"为切入点。早在 2007 年，党的十七大报告中就明确提出："实施扩大就业的发展战略，促进以创业带动就业"的战略方针，指出"完善支持自主创业、自谋职业政策，加强就业观念教育，使更多劳动者成为创业者"。

在"以创带就"政策导向下，高校创新创业教育研究和实践工作，是基于解决当前最大民生问题——就业难而进行的，这需要以社会和谐和政治稳定为中心，把"自主创业"作为灵活就业的两种方式（另一个为"自由职业"）之一，千方百计解决高校学生就业问题。

研究创新创业教育，应采用"问题导向"这一典型研究模式，特别要重视对应用性和对策性的研究。此外，针对该研究导向，不能因其未能对学科建设予以充分重视而简单否定，而应统筹处理好"问题导向"和"学科导向"之间的辩证关系，做到两者统筹兼顾。

一方面，要将"解决现实问题"和"进行学科建设"集中起来处理，这是因为二者在学科化过程中可实现内在统一。从事创新创业教育工作的专家，若不主动关注高校学生就业问题，仅仅是把创新创业教育作为学院知识生产的流水线，用死板的学科分界画地为牢，把许多重大现实问题从研究范围与视界中剔除出去，那么这类研究的生存理论与实践基础最终的结果就不能够真正落实。此外，针对热点问题进行研究虽然同样重要，但是如果不重视学科建设工作，那么只会导致热点问题研究欠缺扎实的学科支撑，最终使问题研究浮于表面。

基于此，高校创新创业教育不仅要"仰望星空"，重点对高校学生就业难问题展开深入研究，而且还要"脚踏实地"，统筹规划与设计学科建设，在创新创业教育中树立坚定而正确的价值取向，夯实科学体系与模式建设基础。同时，把握"问题导向"与"学科导向"之间的辩证关系，问题导向似乎忽视了学科体系建设问题，而事实上，问题解决的过程，也是一个学科化过程。相反，若单纯以学科为主，而条件又尚未成熟，此时开始"划界运动"便会把学科引入死胡同。

3."政府驱动"与"高校需求"上下互动

目前，国家对"大众创业，万众创新"非常重视，并明确指出：大众创业、万众创新不仅能够扩大就业、提高居民收入，而且也有利于推动社会的纵向流动，实现公平正义。无论是个人还是企业，都应该敢于创新创业，整个社会都应该重视创新创业文化，只有大力推动创新创业，才能使人创造财富，实现精神追求与自身价值。

2015 年 5 月，国务院颁行《关于深化高等学校创新创业教育改革的实施意见》，从推动实施创新驱动发展战略、推动经济提质增效提升、推动高等教育综合改革、推动高校毕业生创业就业质量提高等角度出发，规划并制定高等院校创新创业教育深化改革的指导思想、基本原则和总体目标，提出九大改革任务和三十项具体措施。以国务院下发的文件促进深化改革，标志着中国高校创新创业教育由"以创带就"向"大众创业，万众创新"的经济社会发展新阶段延伸。

本质上来看，高校创新创业教育是基于创新的创业，即扶持创新者创业，把创新创业作为经济社会发展的驱动力。高校创新创业教育学科在资源汇聚、平台搭建和成果产出等方面均能得到发展，与"政府驱动"（即政府提供的政策和资金保障）有关。短期内，创新创业教育研究必须按照政府所设定的方向进行，逐步完善创新创业教育研究理论体系。此外，在政府的推动下，高校应成为落实创新创业教育工作的主体，把"政府驱动"和"高校需求"密切结合起来，做到上下互动。因此，当前我国应该积极构建以高校为主体的创新创业教育生态系统，并将"高校主体、企业参与、社会支持"作为该生态系统的指导思想。

"高校主体"注重强化三方的协同作用。高校作为学生进行创业的主体平台，一方面需协同各方力量、聚合资源，服务于大学生的创新创业；另一方面需积极推进知识资本化、技术市场化，使之成为连接政府与企业之间的桥梁与纽带，"真正发挥出高校作为创业型人才培养实施者、智力型资本激发引导者、新创型企业资源融合者的主体作用"。

"企业参与"注重的是服务的提供和对制度的支持辅助，需要从健全民间融资体系和成立非营利性的第三方组织两个方面着手，尽量提供包含资金、技术、评价和认证在内的专业服务。

"社会支持"注重培育创新创业文化，形成崇尚创新、宽容失败、鼓励个性的社会氛围，将创新创业转为一种全新的价值追求与社会取向。

（三）中国高校创新创业教育的学科化发展取向

科学把握我国高校创新创业教育学科化发展取向，需要认清主流与主线、主流与支流、主线与分线之间的区别。推进我国高校创新创业教育学科化过程，应重点关注主要矛盾与主要问题，通过创造条件以形成更好的发展趋势。要实现这一目标，就应该在以下三个方面集中力量、取得突破。

1. 建构共同的教育哲学基础

教育哲学中最本质的问题是本质论、目的论和价值论，而创新创业教育蕴含的基本教育哲学问题，和教育哲学本质问题一致。这就表明，当前我国创新创业教育哲学面临的主要问题，和教育哲学保持高度一致，即创新创业教育的本质是"培养人"，目的是"培养合格的社会主义建设者和接班人"，价值是"人的自由而全面的发展"。因此，这一根本方向是正确的。

然而，这种高度一致现象却引起人们的深刻反思，也就是"什么是创新创业教育的特质？""其不可替代性又体现在哪些方面？"如果不能对上述问题形成深入理解，那么创新创业教育将丧失其生存的前提与根基，最终将被淹没于普通教育的海洋。所以，高校应该结合创新创业教育特有的理论特质，以宏观教育规律为指导，对高校特有的创新创业本质、目的、价值进行深刻反思，以此为出发点与归宿，实现创新创业教育学科化。

创新创业教育的显著本质就是"主动性"，这是因为创业既是一种生活方式，又是一种人生态度，它能落实到学生的主体行为中。所谓"主动性"，是指充分挖掘并发挥人的创造性潜能，形成一种"创业自觉"。

创新创业教育目的，即"超越性"。"超越性"既包括对传统的超越，又包括对自我的超越。创新创业教育的"超越性"，就是以"培养具有开创性的个人"为根本目的。

创新创业教育的最终价值是"转化性"。就教育过程而言，创新创业教育经历了由学习创新创业知识到培育创业智慧的艰难转化过程；由新发明、新发现、新创造到知识资本化的艰难转化过程；由具有创业意向到采取创业行动的艰难转化过程。要想实现过程转化，就需要在"转识成智"（知识转化为智慧）、"转知成资"（知识转化为资本）和"转意成行"（意向转化为行为）这三个方面付出努力。

共同的教育哲学基础，可以保证高校创新创业教育得以科学设计和成功实施。在教育哲学"三论"的统合下，统筹多学科的研究在共同概念与术语方面达成共识，通过化解各学科原理与方法之间的冲突矛盾，力求整体协调。因此，要实现对创新创业教育本质论、目的论和价值论的高度认同，这样能为创新创业教育依托不同学科知识、从不同方面对问题进行多样化讨论打下坚实基础，从而走出"自己出题目，自己封闭做研究，自己欣赏自己成果的自娱自乐窘境"。此外，要将创新创业教育放在国家发展战略和现代化建设的发展体系之中，将之作为高等教育办学理念和教育体制改革的目标，围绕学生能力素质发展、设置创新创业教育课程、推动教材建设和教师培训、评价体系等问题展开研究，以此形成丰富多元的创新创业教育学科群。

2. 明确学科边界和主体领域

目前，每年发表创新创业教育研究文章接近 3 000 篇（CNKI），从数量上看蔚为可观，而从质量上看仍有改进余地。许多文章研究方法大体相似，研究角度基本一致，即传统的"意义—内容—途径"三段式研究。这种研究成果整体流于形式，并无实质性研究结论，这极大地阻碍着创新创业教育学科化发展进程。所以，要想将创新创业教育作为研究方向，就应该明确学科边界和主体领域。为厘清学科边界、明确主体领域，应迫切抓好四个方面的基础工作。

一是针对创新创业教育开展基础文献研究。由于创新创业教育属于新兴学科，关于该学科的研究文献尚待补充，这造成大多数研究者缺少必要的共同学术积累和共通的话语体系，既会降低学术认同感，又会影响学生培养质量。

二是针对我国各类高校实施创新创业教育的成功案例研究。创新创业教育起源于美国，国内学术界对创新创业教育的研究大多是以美国成功案例为主，这类研究固然重要，但是若缺乏对国内高校创新创业教育实践的重视，那么也就无法开展比较研究工作。因此，我国学者有必要重视国内高校在创新创业教育方面的实践与创新，如创新创业教育体制机制和队伍建设等；用创新创业教育理念引领高校教育教学改革、提升教育质量进行的实践创新；把创新创业教育作为统筹政府工作、协调企业与社会资源的核心与纽带，推动高校走开放之路的实践与创新等。

三是针对全球高校创新创业教育进行的对比研究。我国学术界对美国、英国、日本的创新创业教育研究较深，而对印度、俄罗斯等国则缺乏应有的重视，对芬兰、瑞典、丹麦、法国等欧盟成员国的创新创业教育实践案例缺乏持续研究。

四是针对创新创业教育结合各学科专业发展而成的全新教育模式的研究。当前，多数高校仍只是重视专业教育，缺乏对创新创业教育的关注和研究。即便部分教师尝试将创新创业教育融入日常教学，但是无法形成系统的课程规划，还会造成专业教育与创新创业教育想脱离。为此，高校应该探索如何将创新创业教育与专业教育相结合，形成新的教育模式。

3. 加强平台建设和人才培养

平台与人才是学科建设的重中之重，两者互相依存、互为促进。平台建设是吸引人才的前提和基础，而人才资源则为扩充平台提供相应保障，人才与平台相结合，便能聚集资源、扩大平台。因此，平台建设是高校实现创新创业教育整体发展和推进的基础保障。具体可以采取以下几种模式。

一是"专业模式"，即日常管理、师资培养、经费筹措、课程设置等都通过商学院或者管理学院分配，把教学对象与教学活动放在商学院或者管理学院中，以培养专业化创新创业人才、创新创业教育师资与研究人员为目标。

二是"广谱模式"，即组建院校性质的创新创业教育中心（学院），通过整合校内外资源、强化顶层设计，面向校内学生提供创新创业教育课程，全方位开展创新创业教育。

三是对创新创业教育学科建设方案进行整体设计，具体可分三步破解创新创业教育学科归属难题。第一步，把创新创业教育作为高等教育学、教育经济与管理学、比较教育学的二级下设学科；第二步，加强对创新创业教育的研究，整合就业教育、职业生涯规划教育的内容，探索包含原理、史论、方法、比较等主流研究领域；第三步，整合创新创业教育相关研究方向，将创业教育学置于教育学的一级学科之下，或者在管理学门类之下设立创业学这一一级学科，下设创新创业教育学二级学科，最终构建创新创业教育学科体系。

就人才培养而言，教师扮演者重要的角色。目前，创新创业教育教师主要来源于商学院和管理学院。此外，在学院内部，创新创业教育并不是"主业"，而是处在边缘的情况下。部分创新创业教育教师来自就业中心、校团委和其他学生工作部门，不是"科班出身"，缺乏教育教学的底气。还有部分创新创业教育教师来自各个专业，如果再结合本专业教育，那么就会在短期内无法取得应有的效果，很难找到确切的课题归属。

总之，如果创新创业教育教师长期处于学科"漂泊"状态，那么就会缺乏学科归属感。同样，对学者来说，如果缺乏学科归属感，那么就意味着学术职业的失败。基于此，高校应该建设创新创业教育专属发展平台。根据"学院型""兴趣型""公益型"等参与创新创业教育工作的教师，分别搭建相关发展平台。其中，针对"学院型"和"兴趣型"教师，应着力搭建培训基地和其他实践平台；针对"公益型"教师，应构建一个有助于他们提高理论的学术平台，使实践经验向学术化方向转变。

第二节　大学生创新创业教育实践教学体系构建

一、中国高校创新创业教育实践教学体系建设现状分析

（一）创新创业能力培养

当前，学术界对高等教育基础教学、科研培养等方面会给予较多的关注

研究，而针对培养高校学生创新创业能力的实践教学模式研究则相对较少。整体而言，在广度、宽度和深度等方面的研究相对不足。多数研究显得零散、单一，囿于传统视角与范畴，一般性、普遍性的问题研究较多，缺少较为系统和普适性的论述。近年来，学者们逐渐探索和研究关于创新创业人才培养问题和实践教学体系建设问题，并积累颇多的知识和经验，得出许多宝贵的研究结果，值得我们学习与借鉴。

1. 创新能力、创业能力的含义

（1）创新能力的含义

根据社会学的解释，创新是基于发展需要和前人已有发明成果，打破常规后形成的新见解、新领域、新事物。实施创新行为必须具备创新能力。

国内学者针对创新能力的认识和运用存在较大分歧。有学者认为，创新能力是根据已有的知识和经验，通过科学思维加工再造的新知识、新思想、新方法和新成果；有学者则认为，创新能力本质上是一种创新表现，即产生新颖独特、具有社会价值或者个人价值的思想、观点、方法和产品等；还有学者从整合的角度进行解释，认为创新能力是对个人知识储备、创新思维和创新个性的多维、多层次的综合表征，而知识储备又为创新能力奠定基础，创新思维则居于核心地位，创新个性是创新能力的保证。

根据上述学者对创新能力的解释，笔者认为：创新能力是创新主体对已有知识、经验的运用，从而具有能够进行创新活动的头脑思维。

（2）创业能力的含义

1989 年 12 月，联合国教科文组织亚太地区会议正式提出"创业能力"一词。此次会议对创业能力教育提出要求，即培养创业者思维、规划、合作、交流、组织、解决问题、跟踪和评估的能力。

关于创业能力的含义解释，国内学者的理解与提法如下。部分学者指出，创业能力既隐含着强烈的实践性，要求具备一定实践经验，又包括强大的综合能力，要求综合素质高。因此，创业能力是一种创造性与自我开发、实现相结合的特殊创造力，它由专业职业能力、经营管理能力、综合性能力组成。

部分学者提出，创业能力反映为主体的心理条件，对创业实践活动效益产生影响，推动创业实践活动顺利开展。创业能力既包含一般能力又包含特定类型的特殊能力。简单来说，创业能力将开发人的智力作为核心目标，是一种具有综合性和创造性的心理机能，这是在经验、知识、技能经过类化、概括化以后形成的，体现于创业实践活动之中，是一个错综复杂，协调一致的行动过程。还有部分学者认为，从狭义上讲，创业能力是指个人自主创业能力，即自我谋职。具备自主创业这一特殊技能或本领，要求个人本身具有某些特质，如创业品质、专业技能、信息处理能力、决策应变力、环境适应力等。

上述对创业能力的解释，有很多值得我们借鉴和参考之处。本书较倾向的一种解释是：创业能力具有实践性、综合性的特点，具有创造性特征和自我开发、自我实现的性质，注重智力的特殊能力。

2. 创新创业能力的培养

（1）创新创业能力的内涵及构成

围绕"创新创业能力"发表的学术主题文章不在少数，然而大多没有提及创新创业能力的内涵，反而是站在创新创业教育角度看问题，这一共有三种观点。一种观点认为，创新创业能力与创新教育培养出的创新能力相一致；另一种观点认为，创新创业能力与创业教育培养出的能力相一致；还有一种观点认为，创新创业能力是创新能力与创业能力的结合，即综合考虑创新能力与创业能力，并把创业能力作为归宿。

基于上述阐述，本书认为高校中的"创新创业能力"，应强调对学生基本素质、创新精神和创造性思维的培育，注重学生理论知识与实践能力相结合的能力，特别是自我创业意识和创新操作能力。此外，还应具备独立自主发现和解决问题的能力，并结合问题提出新观点。最后，要有创业自觉和追求创业的本领。简单来说，创新创业能力就是兼具实践能力、创新能力和创业潜能的复合型能力。

创新创业活动要求创业者具备多种能力，它决非仅凭某种或某些能力便可实现预期目的。这就要求，创新创业主体能够发现和解决问题，并据此提出新见解，孕育并创造具有价值的事物，让创新创业能力的各个要素共同构成一个整体，充分发挥创新创业的综合作用。

① 智力是创新创业能力的基础

所谓智力，是指人们对客观事物进行认识和应用知识解决现实问题的本领。所谓知识，是指关于事物属性和关联的知识，它是人类社会实践中不断积累的一种经验。智力是由多方面构成的，如观察力、记忆力、思维能力、应变能力、分析判断能力等。这些是人们在认识活动中必须具有的普遍的能力。一般智力向创新创业能力转变，需要创新创业主体将智力因素进行有机融合，这样才能参与创新创业活动。智力因素主要是指获取信息的能力、创新操作能力、开创事业能力等。

② 创新素养是创新创业能力的核心

丰富的知识向能力转化，并在实际工作中取得新成绩，这也需要依赖创新素养。创新素养由创新意识、创新精神与创新思维构成。创新意识，即以创新思维活动为出发点，让个体产生内在的创造行为，包含创造意图等思想观念；创新精神，即创新者具有的智力和非智力心理品质，经过有机组合和升华，最终形成的实际创造动力。创新思维，即个体在创新过程中，对新事物形成的一种认知活动，其特点是多向性、形象性、突发性。

③ 创业潜能是创新创业能力培养的动力

创业潜能体现在创业意识与创业精神两个维度，它受特定的社会环境与教育条件的影响，形成有别于他人的较为固定的态度和行为特征，即思维和行为结合在一起的表现。

培育创业意识，要分析创业主体的创业需求、动机、兴趣和信念等，而培育创业精神，则要分析创业主体的自信心、坚韧性、敢为性、独立性、合作性等心理品质。

（2）大学生创新创业能力培养的内容和意义

党的十八大报告明确提出"建设创新型国家""以创业带动就业，提高创业能力""创业中离不开创新"等内容。高校学生创新创业潜力较大，高校应该坚持以建设创新型国家为指导目标，深化教学改革，培育大学生创新创业能力，深入贯彻落实"以创业带动就业，提高创业能力"，推动高校毕业生充分就业。

在对创新创业能力内涵和构成进行分析的基础上，笔者认为高校学生创新创业能力培养应该包括如下几部分。

一是培养高校学生实践动手能力，即在遇到问题时具备发现问题、分析问题和解决问题的能力；二是培养高校学生创新性思维能力，即能够运用专业术语来表达新问题，并找出事物发展规律，具有发散性思维、非逻辑思维等；三是能够独立思考，自主判断，自主进行科研活动；四是学术交流能力，即通过专著或者学术论文等方式展示研究成果，向他人传达新观点或者新知识；五是创业潜能，即根据个体实践能力和创新能力，激发自身创造力，具备开拓新的事业或行业的潜力。

培养高校学生创新创业能力的意义，主要包含以下几方面：

一是基于国家战略发展的需要。进入 21 世纪，国与国之间竞争的焦点已经转向经济与综合国力的较量，说到底就是科技与人才的较量。谁拥有创新型人才，谁就能在激烈的国际竞争中占据优势。

创新是民族进步之魂、国家繁荣之力。党中央、国务院关于建设创新型国家的决策，是关系我国社会主义现代化建设全局的重大战略决策。建设创新型国家需要以创新创业能力为依托，以创新创业人才培养为重点，着力推动理论创新、制度创新和科技创新，巩固和发展中国特色社会主义伟大事业。高校应该将培养学生创新创业能力，作为工作的重中之重和关键举措，有效促进创新型国家建设。

二是基于减轻就业压力的需要。在高校扩招的背景下，我国高校学生面临着日益增大的就业压力和颇为严峻的就业形势。而通过创新创业教育可以有效地缓解社会就业压力，所以高校应该切实有效地开展创新创业教育，培养高校学生创新能力，激发高校学生创业潜力，引导并帮助更多高校学生投身创新创业队伍中，让他们从寻找工作的就业者向提供工作的人转变，切实缓解他们的就业困境。

三是基于自身成长的必然要求。勇于开拓、勇于创新、追求个性、具有强烈自我意识、向往实现自我价值，是当代大学生所具有的时代特征。培养高校学生创新创业能力，可以让高校学生更加重视自身综合素质与能力，从而为获得自身发展创造条件。此外，高校学生可在创新创业活动中选择合适的发展领域，对思想进行突破与创新，并实现人生的价值。

（二）实践教学体系

1. 实践教学与教学体系

在顾明远编著的《教育大辞典》中，有对"实践教学"的明确解释："实践教学是相对于理论教学的各种教学活动的总称，包括实验、实习、实际设计、工程测绘、社会调查等。旨在使学生获得感性知识，掌握技能、技巧，养成理论联系实际的作风和独立工作的能力。"这一定义是根据内涵与外延两个角度解释的。

结合系统论的思想观点，教学体系是在教育目的引领下，由教学活动相关要素构成的，是以某种稳定结构形式而存在的，为实现特定教学功能的互相影响和作用的有机整体。教学体系由"学生""老师""教材"这三种要素构成，但目前多数学者认为构成教学体系的要素除上述三种外，还应包括教学目标、教学内容与教学环境。

2. 实践教学体系的内涵

实践教学体系作为一个有机整体，多数学者认为它具有狭义与广义两种内涵。从广义层面分析，实践教学体系整体应由目标、内容、管理和评估体系等要素构成；从狭义层面分析，实践教学体系是指实践教学内容体系。笔者从广义层面分析实践教学体系，但不仅限于它所制定的四个主要因素，即目标、内容、管理和评价。由此得出的结论是：构建实践教学体系，应将之视为有机的联系整体，核心前提是实践教学人才培养目标，主体内容是实践教学活动，支持条件是相应的环境资源。

（三）实践教学体系构建的理论基础

实践教学是一项与社会许多领域都有密切联系的实践活动，在实践教学体系建设中还涉及多种与之有关的要素。通过对实践教学的内涵进行全面审视，笔者认为，实践教学离不开学习论这一思想理论。这一理论不仅为实践教学体系设计提供理论指导，而且还为人们理解教育本质、确立教学目标、选择教学内容等教育问题提供重要的理论依据。

对于学习"刺激—反应"学习理论，学者的讨论一直没有间断，不管是行为主义心理学所创立的学习理论，还是认知主义心理学家对人的认知过程及其构成要素的研究，不管是社会因素还是个体因素，都成为学者们研究的重点，尤其是建构主义学习理论，给教育思想的改变。

建构主义学习理论认为，知识、技能并非被动累积而成，而是学习者实践的结果。构建知识、技能，首先要刺激学习者产生学习动机，但是传统教育模式常常是理论先行，这就导致实践能力较弱的学生社会核心竞争力不强。为此，高校需要在培养创新创业人才的过程中树立实践教学主体观念。而学习者在学习过程中，应以知识为中心，做到技能连贯，注重教学内容情境。高校教师在采用情境教学方法时，要让学习的内容具有真实性，让学习行为与现实情境产生联系。

总之，实践教学与情境教学相一致，它让学生在具体社会中进行实践、实训、实习及其他实践环节，在求解特定的问题场景时，主动积极地建构自身认识与创造过程。

（四）实践教学体系在创新创业能力培养中的重要作用

高校通过开展实践教学，可以培养学生的实践动手能力、发现问题能力和解决问题的能力。在创新能力培养中，实践能力是基石，高校应以创新创业能力为导向构建实践教学体系，适应现代教育要求，满足社会对人才的需要。

1. 构建实践教学体系是连接学生理论知识和实践能力的重要手段

学以致用，自古至今一直被推崇为获取与运用知识的宗旨，达到学以致用这一过程是靠实践教学来完成的。在实践教学中训练学生对知识的应用能力、知识创造能力，能够让学生真正做到理论指导实践，也为学生毕业以后从事社会工作创造必要的条件。

2. 实践教学体系是本科教学体系的重要组成部分

实践教学是实现高校本科教学专业人才培养目标的关键环节。实践教学旨在发展学生的实践能力、创新能力和发现创业潜能，实践教学体系能够使实践教学作用得到更系统化的发挥，它对培养学生的能力至关重要。

3. 实践教学是学生创新能力培养的基石

要激发学生的创业潜能，就必须依靠累积的创新能力，而积累创新能力又与实践能力密不可分。不具备实践能力，创新能力也就无法培养。实践是培养学生创新能力的重要手段和途径，也是促进学生全面成长成才的必由之路。

4. 实践教学的更深远的意义在于学生个体的全面发展

进入 21 世纪，国家要发展，关键在人才。人才综合素质对国家综合国力产生影响。通过实践教学，国家能够培养学生的综合素质，逐渐让学生得到全面发展。

二、高校创新创业教育实践教学体系建设策略

（一）当前高校实践教学体系存在的问题

当前，我国各高校的实验室建设规模已相当完善，这也有效地提高了专业实践教学质量。实践表明，推进实践教学改革，是进一步促进学生实践能力与创新能力发展的必然要求，也是实现创新型人才培养目标的关键所在。尽管如此，我国高校的实践教学改革仍存在一定的问题，具体表现如下。

一是尚未充分认识并重视实践教学。长期以来，我国高等教育偏重理论

知识教育，而忽视了实践教学的重要性。在相当长的一段时间内，我国高校的实践教学活动质量参差不齐。理论课程为主、实验课程为辅的人才培养方案，已很难适应当前我国重视培养学生实践能力与创新能力的要求。为此，高校有必要推动实践教学体系改革。首先，在推进实践教学体系改革过程中，高校应注重加强学生的理论联系实际的能力，即提高学生的理论应用素养；其次，高校应该基于开展的各类实践教学活动，培养学生发现问题、分析问题和解决问题的能力。此外，高校也要积极变革实践教学人员的教学观念，发挥实践教学人员在培养创新型人才中的主体意识和作用。

二是尚未健全实践教学改革方案。高校在推进实践教学体系建设过程中，主要是围绕实践教学活动进行的，其具体涵盖实验、实训和实习等各个实践教学环节，但由于各个实践教学环节之间缺乏内在联系，导致落实培养创新型人才目标的效率不高。因此，推进实践教学体系建设，必须以紧密围绕人才培养目标为重点，树立系统性思维和整理优化理念。

三是尚未满足与构建实践教学体系相匹配的环境条件。高校的实践教学活动需要以必要的环境资源为支撑，诸如实验设备、实践场所、教学团队等。同时，由于社会企业提供的支持力度较小，高校实践教学活动的推进力度也就较为困难。而在师资队伍培养方面，由于缺乏过硬操作技术经验的实验教师，高校实践教学活动也难以有效开展。高校实践教学活动开展还需要依托基础硬件设施，如实验室、设备、实验条件等，而这些均需要投入巨额经费。部分高校虽然具备实践教学条件，但是缺少合理的运行和共享机制。并且，由于建设校外实践基地数量较少，且缺乏一定的稳定性，这也很难让实践基地充分发挥其效用。

（二）实践教学体系的理论构建原则

为确保实践教学体系有效运转，高校应综合考虑各因素彼此间的关系，并根据相应的原则完善实践教学体系的理论构建。

1. 目标性原则

所谓目标性原则，是指高校应将培养创新创业人才作为实践教学体系的目标，坚持培养与发展学生的理论素养、创新素养和创业素养。设定此目标的依据是高校人才培养规格、专业学科特点及社会人才需求等。

2. 系统性原则

高校在推进实践教学体系构建过程中，既要遵循高等教育的规律和人才培养的特色，也要考虑实践教学环节的功能作用与内在联系，体现系统科学、统筹安排的原则。此外，为确保能够持续推进高校实践教学体系中的各个环节，高校必须统筹处理实践教学与理论教学的关系，科学规划课时比例，使实践教学过程整体呈现系统性，促使实践教学各环节相互协调统一。

3. 层次性原则

学生能力培养是个渐进的过程，高校应该遵循这一客观规律，使实践教学体系呈现阶段性、层次性。实践教学目标应该是从易到难，实践教学环节应该是从简到繁，实践教学方法也应该是从单一到综合，分阶段、分层次逐步建设。

4. 实践性原则

真理往往在实践中产生。因此，建设实践教学体系，应该以培养学生实践能力为目标，确保实践教学目标能够适应社会发展和满足人才的需要。除了对学生应用实践能力进行训练之外，还要对学生创新创业能力进行培养，以便更好地适应学生自主发展的需要。教学内容方面，要强调从实际出发，进行知识更新，并以实训活动为主，模拟现实环境，进行实践教学。

（三）面向创新创业能力培养的实践教学体系

1. 实践教学体系结构

实践教学目标是构建实践教学体系的基础前提，而实践教学活动则是构建实践教学体系的主要内容。此外，构建实践教学体系必须以寻求相适应的环境资源为支撑，确保实践教学体系的科学性、系统性。基于创新创业能力发展构建的实践教学体系，主要涵盖人才培养目标、实践教学活动和环境资源这三大要素，要确保各要素之间相互联系、相互促进。

2. 实践教学体系构建的目标导向

高校应将创新创业人才培养目标作为实践教学体系构建的目标导向，并贯穿于各个实践教学环节。高校开展的各类实践教学活动，是培养学生实践能力、创新创业素养的保障，同时还有利于学生强化解决实际问题的水准，实现综合素质的全面提升。

（1）训练学生理论联系实际的能力

在实践教学中，使学生具备理论联系实际的能力是最为重要的教学任务。因此，教师应该主动将课堂教学与社会实践有机结合起来，引导学生在参与社会实践过程中强化理论知识素养，进一步深化理论联系实际的基础，学会正确发现、分析和解决实践中的问题。

（2）训练学生发现和解决问题的能力

高校开展创新创业实践教育，必须与社会企业建立联系，在校企合作过程中指导学生养成良好的洞察力、理解力和思考力，能够正确看待创业行为和创新价值。

（3）训练创新能力和创业潜能

如今，世界各国都在努力培养创新型人才，这是因为创新型人才能够推动社会的变革，对于国家和民族的进步有着决定性的作用。因此，高校应该通过开展实践教学，不断培养学生的创新能力，激发其创业潜能，为社会提供新型人才。

总之，高校需要结合学校定位制定、调整及优化各项教学计划，坚持以培养学生的创新创业能力作为指导性教学理念，完善创新创业实践教学体系，将创新创业实践教学的各个环节加以贯穿整合，及时补充新的实践教学内容，开展多样化的创新创业实践教学活动，努力培养新时代下的学科专业人才。

（四）实践教学体系构建的主体内容

如图 5-2-1 所示，根据教学目标、实验内容深度、实践技能层次及综合应用水平，实践教学活动应涵盖基础实践、专业实践和综合实践共 3 个层次阶段。实施阶段性实践教学，可以有效地落实创新创业人才培养目标及教学内容，逐步培养和提升学生的实践能力、创新能力。不同层次阶段又包含不同的实践教学活动。

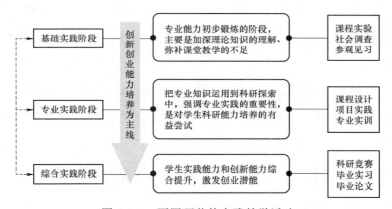

图 5-2-1　不同环节的实践教学活动

基础实践阶段重在培养和锻炼学生的专业能力，使他们能够深入理解并掌握理论知识。基础实践阶段是专业实践阶段得以进行的前提。在基础实践阶段，课程实验、社会调查和参观见习为主要教学内容，要求学生从中掌握必要的基础技能以及具备基础实验能力。理论知识是支撑课程实验教学开展的保障，在课程实验教学环节，学生需要具备基础的实践操作能力，并应用至发现问题和解决问题过程。实地调查是开展社会调查的主要方式，旨在引导学生通过实地调查的方式验证并解决理论性问题。参观见习可以拓宽学生的专业知识视野，但需要教师主动与校外单位建立联系。

专业实践阶段，即要求学生将系统学习的专业知识应用至科研探索环节，重在培养和锻炼学生的科研能力。在专业实践阶段，课程设计、项目实践和专业实训为主要教学内容。其中，课程设计旨在培养学生提出问题、分析问题和解决问题的能力，并具备基础的科研专业综合能力。项目实践是进一步夯实学生专业知识基础的关键，学生可在此环节自主选择专业实践项目，但必须遵循教师的指导，同时又要积极开展小组合作交流学习和研究，逐步养成良好的团队精神和多学科知识能力。专业实训，即以校企结合形式为主，要求学生亲身融入工作环境，体会工作内容，提高学生的环境适应力，该环节是校内学习与企业需求相联系的必然环节。

在综合实践阶段，科研竞赛、毕业实习和毕业设计是主要教学内容，旨在培养学生的综合实践能力和创新能力。其中，科研竞赛围绕课题研究、科研立项和创新性实验项目等学术活动，要求学生将所学理论知识应用至实践过程。毕业实习重在推动学生提前适应环境，根据企业人员的指导完成相应的任务，并学会灵活运用综合能力解决问题。毕业设计主要涵盖毕业论文和毕业实习这两方面的内容，毕业论文是学生就毕业实习所做的经验性总结，其能反映出学生具备的科研能力水准和创新能力水准。

（五）实践教学体系构建的环境资源

教学软硬件是支撑实践教学体系构建和推进实践教学开展的环境资源保障，其具体包括前提条件、环境保障和质量保障等。

1. 完善实践教学管理机制是高校实践教学体系构建的前提条件

当前，我国高校应该以建立健全实践教学管理机制为前提，寻求构建符合培养创新创业型人才要求的实践教学体系。具体可从三方面入手。

（1）分级组织管理

按照校、院二级组织管理体制，由学校负责制定实践教学管理规定与措施，二级学院负责开展实践教学工作。

（2）教学制度管理

我国高校学生主要是根据专业课程设置安排学习相应内容，但是可供选择的选修课程较少或是缺乏吸引力，这不利于全面培养学生的创新创业实践能力。因此，高校应该及时调整优化实践教学制度，采用"弹性学分制"保障学生的自主学习方式，提供培养学生创新能力的教育质量。

（3）运行评价管理

也就是围绕学科和专业构建软硬件资源利用机制，深化校内外实训实习基地等实验教学资源的开发共享力度，为教师开展实践教学提供必要的和充足的资源保障。此外，高校应就实践教学环节构建评价反馈机制，运用这一机制，推动实践教学质量提升。以评价反馈为手段，为实验教学改革提供保障机制，并有效监督和指导实验教学资源的分配和使用。

2. 实践教学基地建设是高校实践教学体系构建的环境保障

实践教学基地主要分为校内实训基地与校外实习基地两部分。校内实训基地以本校教师和学生为主体，采用学校与企业相结合模式。在学校内部，主要开设企业培训课程及企业模拟实践项目，体现学校管理与专业特色融合统一的实训教育教学特征。校外实训基地以企业指导人员为主体，结合企业生产实际状况来管理、指导学生的实习环节。实践教学环境是改善学生实践能力与培养学生创新能力的重要因素，所以高校需要围绕建设校内实训基地和扩展校外实习基地开展创新创业教育，落实校内外实践教学体系共建共通共享的理念，为高校实践教学改革提供良好的环境保障。

3. 高素质的实践教学师资队伍是高校实践教学体系构建的质量保障

如今，我国高校的实践教学人员已成为实践教学活动的主体，其自身的实践教学素质水准会对学生的实践能力及创新能力产生直接影响。基于此，高校应该进一步强化实践教学团队建设，不断适应新型实践教学体系建设要求。同时，高校也要坚持打造"双师型"实践教学师资队伍，及时开展相关培训工作，使教师具备良好的理论教学素养和较强的专业实践能力。通过构建实践教学考核评价体系，鼓励、提升教师的实践教学质量。

第三节 大学生创新创业教育的教学方法创新与科学评价

一、大学生创新创业教育的教学方法创新

大学生创新创业教育是相对于商学院或管理学院创业管理学科开展的"专业性"创新创业教育模式而言的，它的基本要求是"面向全体学生""结合专业教育""融入人才培养全过程"，着眼于创新创业教育的广泛性和普及性，使之惠及每一个学生，重在培养学生的创业观念、创业者精神及创业思维和创业能力，而不仅仅是传授创业知识和技巧。创新创业教育是中国高校创新创业教育发展的主要趋势，在具体实施这一教育模式的过程中，由于教育对象广泛、专业类别多样、培养目标分层等状况的现实存在，经常会听到实际工作者抱怨"学生太多了，只能讲讲算了，根本没有条件使用其他教学法"等内容，这就在客观上造成当前中国高校创新创业教育尚存在"教学方式方法单一，针对性实效性不强"等现实问题。多数高校形成了教学模式"以教为主"——易僵化，教学内容"以知识为核心"——重理论，教学方式"以第一课堂为主阵地"——缺乏实践的现实困境。缺乏行之有效的创业体验学习已经成为阻碍创新创业教育可持续发展的一个重要原因。笔者充分考虑到创新创业教育的理论性、实践性和操作性，所以将探索案例教学法、体验教学法、项目教学法具体应用于创新创业教育的必要性与可能性，明确高校创新创业教育应用这些教学方法的组织形式、项目选材、考核评价、保障措施等具体问题，确保这些方法在高校创新创业教育中的成功应用。

（一）教学方法创新的重要意义

1. 克服传统教学方式的弊端

传统教育教学有五个显著的特点，展开来说是：（1）教师在课堂上通过

讲解、背诵、演示等方式将知识传授给学生；（2）传统教学以"教"为主，忽视了学生的"学"；（3）与标准答案一致的回答会被给予赞赏，而其他与标准答案相近的解释或回答则不受重视；（4）教师是教学的主导者，拥有绝对的掌控权；（5）从校领导到教师，再到学生都非常看重考试成绩，教师常常以考试分数评价学生的学习效果。传统教学方式不利于学生创新发展，学生只需要坐在教室听教师讲课，花点时间背诵相关知识就能完成学习任务，不用耗费时间和精力去思考。在这种教学方式的长期影响下，学生失去了思考的能力，只是被动地接受知识，虽然每个学生都按时上课、认真听讲，但实际上他们并没有真正参与到教学活动中，教师也没有关注到影响学生学习效果的非理性因素，如兴趣、爱好、情感、积极性、主动性等。传统的教学方式使课堂变得单调、无趣，学生对知识没了探索欲、好奇心，教师也丧失了科研、教研的欲望，这严重阻碍了教师与学生创新思维的发展。为了彻底改变这种教育方式，学校和教师必须进行创新，在教学中运用新的教育方法和教学方式。

如今一些新的教学方法如体验教学法和案例教学法以及项目教学法，都可以弥补传统教学方式的不足。这三种新的教学方法在教育教学中具有独特的优势，尤其是在创新创业教育中，其优势更为明显。总的来说，上述三种新教学法的优势表现在三个方面：第一，自主性。学生是教育活动的主体，在教师的引导和指导下，学生的潜能能够得到最大限度地发挥，学生有机会充分展现自己的才华。第二，拟真性。给学生带来真实地体验，创设逼真的情境，让学生身临其境，主动融入教学活动。第三，交互性。学生有机会与同学及教师交流和沟通，借此获取启发性的知识并共同解决学习难题。由于传统教学观念和方式的限制，这些明显的优势在实际教学中没有得到充分地发挥。研究表明，尽管学生对案例教学法表示认同，但在实际教学过程中，案例教学法却没有达到让人满意的效果。这是因为大多数学生不能参与、不敢参与、不愿参与、不屑参与。学生不能参与、不敢参与是出于对自身能力的考虑，被动的学校教育、压抑的家庭教育和应试教育使学生不敢在公开场合大胆表述自己的观点，而且在此种教育模式下，学生的语言表达能力、随机应变能力以及合作交流能力都没有得到进一步的发展，因此学生不能也不敢参与到案例教学活动中。学生不愿参与、不屑参与是学生的态度和认知问题，学生没有系统地了解过案例教学法，对它比较陌生，因此对案例教学法产生抵触情绪，不愿也不屑参与。所以在教学活动中引入案例教学法时应考虑学生的适应性，不能生搬硬套地投入使用。将案例教学法引入课堂教学不仅是教学技术上的革新，更是教学方式的彻底改革。体验式教学法通过让学生亲身体验和实践来激发其思考能力，帮助他们逐步提升并深入理解理论知识，同时鼓励学生将所学理论与实践相结合。在课堂上采用体验式教学法，学生能够成功地跳出传统教育模式的束缚，这种方法为学生提供了一个相对自由的、开放的、舒适的学习环境，能够有效提高学生的创新能力、独立思考能力，帮助学生积累理论知识，并将理论知识很好地运用到实践中。项目教学法强调教师和学生要一起完成项目，注重实践能力与创业能力的培养，其重点在于教授实践操作，而非仅仅介绍理论知识。教师更多担任的是项目的提供者和指导者，而项目实施中需要运用哪些知识、问题的提出和解决均由学生自己来完成，因而能调动学生的积极性，充分发挥其主观能动性，培养其自主学习的能力，这也是创业过程中非常重要的一项能力。

2. 切实提高大学生创业能力

创业能力和创业机会是创业活动的两个主要组成要素。在当代社会，高校学生有许多创业机会，但支撑创业活动的能力却不够，这是中国大学生在创业过程中普遍存在的问题。因此培养大学生的创业能力是创新创业教育的主要任务，所以在创新创业教育中引入案例教学法能够切实提高大学生的创业能力。

培养大学生的创业能力应该从实践出发。创业能力考虑的是"做什么"而不是"是什么"，所以理论性的知识教学是无法培养学生的创业能力的，探究式的实践教学才是培养学生创业能力的有效途径。

某些学者称，"从以讲授为主的教学到以探究为主的教育，是一场革命"。

这场革命表现出三个明显的特点：教育从学生出发，以学生为主体；学生从被动接受知识变为主动探索知识；教学回归教育本质。通过不断探究，学生不仅能掌握基础知识和技能，还能获得精神启示，养成良好学习习惯，发展智力和培养品格。学生的创造力主要取决于心智状态，知识和技能是次要的，因此在以实践为主的创新创业教育中，学生的心智状态非常重要。

理论知识是学生获得创业能力的基础，除此之外，更重要的是要让学生学会观察社会现象和自然现象，从中培养他们对各种事物的敏感度，使学生养成辨析的习惯，教会学生用批判性的眼光看待问题，提高他们解决问题的能力以及心智状态，这才是培养学生创业能力的有效路径。正如怀特海所言："虽然智力教育的一个主要目的是传授知识，但是智力教育还有另一个要素，模糊却伟大，而且更重要——古人称之为'智慧'。没有一些基础的知识，你不可能变得聪明：你轻而易举地获取了知识，但未必习得智慧。"只有在创新创业教育中尊重学生的主体地位，为学生提供有效的学习方式，引导学生进行体验式学习和探究性学习，才能使学生将知识完全吸收，为己所用，才能完善学生的心智，使学生拥有"以整体性的人去看待整体的世界"的智慧。在创新创业教育过程中引入体验式教学法，使创新创业教育形成立体、开放、多元、互动的教学体系，让学生在自我教育、自我培养的过程中提高认同、找到归属，才真正有利于培养和提升学生的创业意识认同感和创新精神归属感。项目教学法涉及多方面的知识内容，采用的是团队合作的方式，在项目具体实施过程中，团队成员可以根据需要来选择自己的任务。如果为提高项目完成的效率，则选择自己擅长的部分；如果想学习更多的知识来弥补自己的不足，则可以选择自己尚不太能胜任的任务。同时，在项目的完成过程中，团队之间的竞争会激发学生的集体意识，团队成员也会为了共同的目标而一起奋斗，这会增强与他人合作的能力。

3. 有效应对大学生创新创业教育的现实困境

目前，中国高校开展的大学生创新创业教育主要以公共课或选修课的形式进行，这就造成了上课人数多、课时少、教学资源有限、专业背景复杂等问题，这种教育形式很难为全体学生提供充分的实践机会。在此背景下，教师必须借助新的教学手段，提高大学生创新创业教育的教学效果。

案例教学法本质上是以问题为导向，以客观事件为材料，训练和提高学习者在复杂情况下认识、分析和解决问题的理性思维与实际技能。它的精髓在于设置一种氛围和情境，引导学生在面临困惑、模棱两可及不充分信息的条件下，开动脑筋，勤于思考，作出决策，争取成功。案例教学法把求知和行动有机地结合起来，切合了创新创业教育的实践性特征，解决了通过课堂教学实现"做学结合""以学促做"的教育目标。通过体验式教学法，实现课堂教学、实践演练、参与体验"三位一体"，理论性、实践性、操作性"三维并进"，使更多的学生在体验过程中直击创业活动的现实问题，对于培养规避风险的能力具有重要意义。项目教学法通过项目的形式进行教学，项目的实施是学生通过运用自己的理论知识解决实际问题的过程，必然需要整合多方面的知识资源。同时，将学习知识和运用知识有机地结合起来，不仅能满足学生在创新创业教育中的实践需求，有效解决理论学习与实践相脱离的问题，而且还能实现学以致用的教学目标。

（二）教学方法创新的方向导引

创新创业教育具有十分突出的实践性特征。"创业实践活动既是作为一种教育影响，也是作为一种课程模式，使创业教育与其他教育类型有了质的区别"，这样的课程类型不仅重视传授理论知识，更强调培养实践能力，凸显出创业教育实践性强的特点。创新创业教育领域存在着大量的"缄默知识"，与"显性知识"相比，"缄默知识"不能通过语言进行逻辑的说明、不能以规则的形式加以传递、不能加以批判性的反思。如果用"显性知识"的教育模式来传递"缄默知识"，就难以确保教育的有效性，所以就迫切需要将课程教育与实践教育紧密结合，搭建起供大学生边干边学、做学结合、以学促做的"实践导向"教学方法体系。

1. 开展"实践导向"的课堂教学

开展课堂教学要思考两个核心问题。第一个问题涉及"教学内容是什么"。学者们发现，相比于现实世界中的企业环境，学校教育环境更重视理论，学校教育侧重于分析、理解和反馈信息。而在现实世界中，企业更重视实践，许多企业家不会把时间花费在批判性分析上，他们将主要精力用来解决实践问题，并从中获得经验，也就是人们常说的"做中学"。这意味着，为了实现"实践导向"课堂教学，教师需要创设一个与企业环境相似的学习环境。还原企业家的学习环境，将解决现代化的实际问题作为教学的核心内容，以培养学生的创业能力和实践能力为首要任务。第二个问题涉及教学方法的运用，即如何有效地传授知识。为了使"实践导向"的课堂教学能够有效开展，教师应运用案例教学法、体验教学法、项目教学法以及探究式教学法等新的教学方法，重点培养学生创新实践能力和自主决策能力。

在"实践导向"的课堂教学中，学生的主体性得以体现，教师在培养学生创新实践和自主决策能力的基础上激发学生的创业能力。

2. 构建"实践导向"的参与体验平台

由教育部、中国科协、共青团中央、全国学联主办的"挑战杯"中国大学生创业计划竞赛是现阶段中国大学生创新创业教育领域比较重要的竞赛项目。每年有数以万计的大学生参加这项比赛，它是大学生参与和体验创业的重要平台。教育专家和业界都充分认可这项竞赛所具有的教育功能。然而，有专家表示，尽管这项创新创业教育实践活动能够极大地激发学生的创业热情，但同时也存在许多问题：一是学生的积极性有待提高。在众多参与竞赛的学生中，只有一些精英学生发挥了作用，其他学生只是凑个热闹罢了。二是活动过于注重形式而非实质内容，具体体现在重视比赛环节，轻视赛前培训、赛后转化方面。比赛办得热火朝天，但实际效果却不尽如人意。实际上，赛事组织方在一定程度上对这些问题负有责任，但有些问题单靠赛事组织方是无法解决的，需要政府、高校以及社会各界之间通力合作才能解决。

在举办竞赛前，最关键的是要明确"实践导向"，重视赛前、赛后两个方面的拓展。首先是赛前培训拓展，竞赛的目的是推动教学、促进学生全面发展，因此赛前培训至关重要。为了广泛传播创业文化，既要对参赛学生进行赛前培训，也要对其他学生进行创业培训。培训的内容不能局限于创业计划书的制作、创业项目的策划，而应该鼓励学生积极行动起来，广泛开展市场调研，获取最新资讯，只有这样学生才能深入了解创业项目，抓住创业商机，获得成功。其次，赛后转化拓展尤为重要。将比赛中的创业计划转化为实际的商机也是一项重要的工作，涉及项目对接、项目运营等。这些工作的完成离不开政府的支持、企业的投资以及创业成员的努力，因此需要成立一个专门的创业部门统筹规划相应事宜。创业计划从一个概念到商业化需要考虑许多复杂的因素，所以需要设立一个专职部门来策划、整合和协调各项工作。显然，赛事组织方并不具备完成这些任务的能力，因此需要设立专门的机构来协同努力，共同促进更多创业计划落地生根，创造实际效益。

高校还可以采用其他方式构建"实践导向"参与体验平台，比如构建创业科学园和孵化器平台。这些平台可以为教师和学生提供教学和研究场所，鼓励更多的大学生参与和体验创业。此外，学校还可以采取其他措施来积极推动创业实践活动的开展。例如，鼓励学生创办创业俱乐部或创业社团，开设暑期创业指导培训，在学校官网上设置创业论坛，为学生提供到企业实习的机会。

3. 提供"实践导向"的保障措施

一是创建配套的教学制度和教学环境。现有的教学制度比较传统、灵活性不足、开放性较差，最突出的一个缺点就是理论知识学习与实践应用脱节，在这种教学管理制度下实施项目教学法比较困难，难以发挥案例、体验和项目教学法的优势特点，最终会影响高校创新创业教育的实际效果。同时，案例、体验和项目教学法的实施，不同于传统讲授式的课堂教学，而是需要一个开放的教学环境，学生可能根据具体项目的实际需要，到教室以外的其他场所进行教学活动，比如实验室或某一实体公司，也有可能需要一些额外的软硬件设施，比如可能需要购买锻炼学生创新创业能力的模拟软件等。当然，在高校创新创业教育中应用案例、体验和项目教学法并不是要摒弃传统的课堂讲授法，而是要将两者结合，在课堂讲授法保证学生了解相关理论知识的基础上，通过具体项目的实施，使学生学以致用，边用边学，从而激发学生创造性思维的产生和综合分析能力的提高。

二是加强师资队伍建设。在高校创新创业教育中应用案例、体验和项目教学法时，教师不能仅将自己定位成讲解者，而是要发挥引导和指挥的作用，这对教师来说更具挑战性，也对教师的能力提出了更高的要求。除了完成写教案、备课、制作课件、讲课、组织考试等一般教学任务，教师还要将实现综合性的教学目标作为教学工作重点，充分发挥自己的教学才能和专业技能。例如，教师可以将其他学科的知识融于自己所教授的课程中，设计出有特色、实践性强的创业项目。教师要想教好大学生创新创业课，就要做到理论知识传授与实践技能培养并重。因此，在高校创新创业教育中应用案例、体验和项目教学法对教师提出了更高的要求，而我国目前这方面的师资相对薄弱，存在数量不足、质量不高和结构不合理等问题，在培养学生了解创业的基础知识、基本过程和基本技能方面，尚能勉强满足需求，在对创业兴趣浓厚的学生进行个性化培养时，各大高校就会感到心有余而力不足，因此亟须培养相关师资人才。

三是加大政策和资金的支持力度。在高校创新创业教育中应用案例、体验和项目教学法的一个前提就是有力的政策支持。政府是掌握和控制公共资源的主体，政府部门要准确定位，利用信息优势和行政职能，发挥在推进大学生创业过程中的引导作用。目前，国家高度重视创新创业工作，"国家大学生创新创业训练计划"便是针对在校大学生的训练项目，通过创新训练、创业训练和创业实践三类项目，促进高等学校转变教育思想观念，强化创新创业能力训练，增强学生的创新能力和在创新基础上的创业能力；全国各地也出台相关优惠政策，通过"搭建平台、集聚资源"等措施，为大学生提供创业或创业训练的项目。所有这些措施都是对高校创新创业教育的具体而实在的支持，为高校创新创业教育的开展与推广起到了很好的指导与促进作用。

在高校创新创业教育中应用案例、体验和项目教学法还需要有充足的资金保障。案例、体验和项目教学法不同于传统教学法，不但教师的课业任务加重，还需要开展第二课堂活动，比如组织学生到实体公司实施具体教学项目或购买一些软硬件设施来支持项目教学等，所有这些都会加大创新创业教育的开支。国务院印发文件《关于深化高等学校创新创业教育改革的实施意见》，明确提出"完善创新创业资金支持和政策保障体系"的指导思想，指出"各地区、各有关部门要整合发展财政和社会资金，支持高校学生创新创业活动"。可以同时结合政府主导与市场主导模式构建一个综合多元的创新创业资金来源体系，在由政府设立大学生创新创业基金的同时，积极倡导社会及企业建立相关的援助创新创业的基金和组织，以提供充足的资金保障。

（三）具体教学方法的应用与创新

1. 案例教学法在高校创新创业教育中的应用与创新

尽管高校对创新创业教育越来越重视，但是由于大学生创新创业课程在高校开设的时间较短，因此案例教学法在创新创业教育中的运用仍处于探究阶段。在实际运用过程中，许多高校以国外案例为主，没能结合各地实际情况自编案例，自然也算不上有意义的、完整的案例教学。因此我们需要对案例教学法进行深入研究，以探寻其在高校创新创业教育中的适用路径和有效实施途径，为培养我国大学生创新创业能力提供有力保障。

（1）案例选材问题

该教学法成功与否的关键在于案例选择是否恰当。学习创新创业课程的学生来自不同的专业，他们的知识储备量、兴趣爱好都各不相同。如果选用某个专业的案例进行案例教学，那么其他专业的学生可能会对案例感到陌生，难以激起他们的兴趣，并且无法促使他们积极参与其中。因此，在案例选材时，需要关注以下三个方面。

　　首要，以培养学生的创业思维和创业精神为教学目标，而不是教育学生如何开公司、怎样当老板。高校创新创业教育旨在激发学生的创业灵感，帮助他们掌握创业的基本要素、流程和技巧，以此培养学生的创业意识和精神。虽然并非所有学生都适合创业，但是他们可以通过创业教育感受创业文化。另外，在教学过程中，教师要善于发现那些拥有创业梦想的学生，如果这些学生想在大学期间或毕业后创业，学校和教师可以为他们提供帮助，如跟进他们的创业项目，对他们进行专业的创业培训指导，为想要创业的学生提供创业资源和实践场地。基于以上内容，在高校创新创业教育中，要重点选择那些能够培养学生创业精神的"打气鼓劲"型的案例，通过案例教学使广大学生认识到创业并不是高不可及，形成人人可以创业的基本态度和价值观。当然，在对大学生创业进行"打气鼓劲"时要注意把握适当的"度"，不过分渲染大学生创业成功，给学生以创业容易成功的心理暗示，使得不具备创业条件的大学生错误地走上创业之路。

　　其次，选材的主要思路是根据各专业的特点，选择更合适的案例，不能在教学中只使用一个案例。不同专业的学生对自己所学专业相关的行业更熟悉、更有探索欲，因此在选择案例时需考虑每个专业的特点。如今，创业者们越来越钟情于在 IT 领域开展业务。因此，一些教师选用马化腾创办 QQ 的经历，作为计算机专业学生的教学案例，这极大地提高了教学质量。实际上高校设置的许多专业都可以拓展出创业项目，如学前教育、美术、体育、旅游管理等专业，但因为对行业发展前景缺乏了解，很多学生没有创业的勇气。若教师能够巧妙地将各学科特点融入案例教学中，使学生对创业知识和学科知识有深入了解，同时能够将创业与自己所学专业融合，这将会增强学生创业的信心和勇气，学生会更努力地学习专业知识和创业知识。

　　最后，以"就近取材"为基本原则，而不是盲目地借鉴国外案例。在实际的教学中，学生对国内一些励志的创业案例更有兴趣，更愿意参与这些案例的讨论中。相比之下，当教师介绍那些国外案例时，学生只对一些大公司或知名人物感兴趣，而对于国外一些中小企业的案例则兴致缺缺。因此，在教学过程中，教师选择的案例要贴近学生的生活，根据学校的地理位置"就地选材"。高校可以借助当地的独特特点和多元化的经济模式选取合适的案例，例如徽商、晋商等著名商帮的崛起以及近年来出现的"温州模式""苏南模式"等独特的经济模式都可以作为案例用于创新创业教育。此外，高校还可以把一些本校或其他学校创业名人的成功案例引入创新创业教育，通过身边人的实际案例来展开教育，以此激发学生的创业意识和热情。这种方法更容易被学生接受，同时也有助于增强学生对创业的信心和勇气。

（2）教师角色问题

案例教学虽然改变了传统教学模式中的师生关系，但是任课教师的教学水平和实际表现仍然是教学成功与否的关键因素。在案例教学中，讨论法是一种主要的教学方法。在讨论过程中，教师应该担任引导者和组织者的角色，引导学生们从多个角度思考问题，激发他们的思维和创新能力。教师应该提出引人思考的问题，鼓励学生们发表自己的意见和看法，同时要确保讨论不偏离主题，控制好讨论的进度，帮助学生们更好地理解案例，并让他们从案例中获得经验和启示。教师在实施案例教学过程中发挥着重要作用。根据部分学者观点，在进行案例教学之前，教师需要对自己所扮演的角色进行明确，教学心态进行调整。与"在传统教学中，教师占有绝对主导地位"不同，在案例教学中，教师的主要作用是"倾听、激励和指导"。尽管创新创业教育已在高校广泛开展，但我们也不得不承认它所面临的挑战十分严峻。其中，大班授课模式、跨专业交流以及学生基础不同，都进一步加大了创新创业教育的难度。在这种情况下，教师需要明确自己的角色定位。

首先，教师要做到"倾听"而不是"袖手旁观"。案例教学法侧重于展示不同观点的独特之处，而并非为学生提供没有讨论余地的标准答案。尽管教师不会提供标准答案，但要指出学生的错误观点。倾听每个学生的观点和想法，体现出教师对每一个学生的尊重。在倾听的过程中，教师还需要留意学生可能存在的错误观念和错误理解，分析汇总学生的错误想法，寻找合适的时机以及合适的方法向他们解释清楚。

其次，把重点放在激励上而不是限制上。大班级模式是高校创新创业教育授课的主要形式，每堂课都有百余人参与，每堂课的时间为 45 分钟，因此不是人人都有表达观点的机会。所以，教师通常使用小组讨论的方式，让每个小组选择一名代表来发表意见，以此鼓励学生积极参与讨论和思考。这种方法可以鼓励学生积极融入讨论，在小组中勇敢发言，进而提升教学效果。同时，需要谨慎处理这种小组讨论形式，以免过度限制学生自由表达意见的权利。毕竟，有一些学生可能持有与本组不同的观点。为此，应该考虑提供更多的发言机会，使学生能够表达不同的观点。

最后，教师要做的是引导而不是主导。由于学生的讨论往往会偏离主题，因此教师需要时不时地引导学生进行讨论，以确保讨论能够与课程目标保持一致。尽管案例教学的讨论方式是不受约束的，但是应该在一个特定的方向上进行讨论，可以说是"自由但有导向性的"。教师在引导学生讨论时，要把握自己发言的时机，既不能过早表达自己的观点，以免影响学生独立思考和表达；同时也不应以过于强硬、消极的方式来主导讨论进程。教师和学生的地位是平等的，每个学生都有表达观点和想法的权利，师生应共同发展，营造和谐友爱的讨论氛围。

（3）适用性问题

每一种教学方法都有优点和缺点，案例教学法也不例外。案例教学法的缺点有：应用案例教学法需要教师投入更多的时间和精力；案例教学法不适用于低年级或基础较差的学生；案例教学法需要学生亲自去实践。在学校教育中，创新创业教育是一个比较特殊的教育分支，因此必须充分考虑案例教学法的适用条件和适用资源，以切实提高学生的创业能力，增强学生的创业意识。

首先，要明确在创新创业教育中运用案例教学是为了提高学生的创业能力，鼓励学生积极投入创业活动，而不是为了分析理论知识。一些学者认为，目前在创业教育中广泛采用的案例教学方法，如果只强调理论分析而忽视创新实践和自主决策，那么它并不能真正培养学生的创业精神，反而成了一种阻碍学生创业的教学方法。教师只有精准理解并熟悉案例教学的最终目标和核心要素，才能有效发挥案例教学的作用，才能避免案例教学成为阻碍学生创业的教学模式。

其次，案例教学法与讲授法并不是对立的关系，案例教学法更无法取代讲授法在创新创业教育中的地位，将案例教学法与讲授法融合在一起才能获得最佳的教学效果。教师通过讲授法将创新创业的理论知识传授给学生，再利用案例教学法为学生提供实践机会，使学生的理论知识与实践知识得以融会贯通，全面激发学生的创新思维，提高学生的创业能力，帮助学生更好地理解和应用所学知识，实现以例激趣—以例说理—以例导行。融合了两种教学法的教学设计更具优势，它可以利用案例教学法所具有的实践特点和引导学生进行创新，同时弥补讲授法的缺陷，实现理论与实践完美结合，并且促进传承和创新的同步发展，创造出全新的教学模式。

最后，除了在创新创业课上运用案例教学法外，还可以将案例教学法拓展到各种创业实践活动中。例如对学生进行分组并安排他们在课余时间深入企业，展开调研以提升其实践能力。根据调研结果，组织小规模、多样化的创业教育活动，可以以讲座、小组讨论、在线学习等方式展开。为了提高案例教学的实际效果和针对性，学校可以积极调用社会力量，如邀请专家或企业家来学校举办创业讲座，为学生讲述创业知识以及他们的创业经历。

2. 体验教学法在高校创新创业教育中的应用与创新

创新创业教育是一种理论性、实践性和操作性较强的教学课程，若缺乏教学模式的创新、缺乏创业能力的体验与实践、缺乏具有针对性和实效性的教学方法，创新创业教育便会停留在空洞的理论传授层面。体验式教学法对于破解这些现实问题，切实提高高校创新创业教育的质量和效果具有重要意义。20 世纪 80 年代，美国学者大卫·库伯在总结了约翰·杜威、库尔特·勒温和皮亚杰经验学习模式的基础上，提出了体验式学习圈理论（Experiential Learning），即通过具体体验、观察反思、抽象概括和行动应用，让学习者投入到一种新的活动安排中。借鉴体验式学习的相关理论，从提升创新创业教育实效性的角度来看，体验式教学法是一种能够让学生亲身体验创业实践过程，通过仔细观察、认真思考、获取知识，进而促进他们掌握技能、指导实践的教学行为和方法，解决创新创业教育的现实困境。

（1）具体应用

在高校创新创业教育中应用体验式教学法的最终目的，是让学生通过体验过程了解创新创业教育的精神内涵，而不是单纯地学习创新创业教育理论知识。这与达尔克罗兹的教育理念有异曲同工之处，该理念强调的是"感知、认知、学习、理解"的协调关联教育方法，并由此构成了达尔克罗兹体验律动教育理念："在本课程结束后，不能使学生说'我知道'，而是'我体验到'。"[1]高校创新创业教育同样强调学生的感知和认知过程，并以此作为接受创新创业教育的前提和基础，但最终目的还是只局限于达尔克罗兹教育理论中的"学习、理解"，只有在体验中"验证"创业理论知识并"应用"于创业活动之中，才是体验式教学法的真义所在。

一是感知体验之头脑风暴法。感知体验强调的是在创新创业教育授课过程中，使学生形成感知。头脑风暴法通过引导学生进行无限制的自由联想和讨论，从而产生新观念或激发创新想法，进而增强感知体验。该方法需要学生群体之间相互作用与影响，形成群体思维，借助联想反映、热情感染、竞争意识，产生思维激荡和碰撞，有助于创造性思维的产生，提升创新意识。二是认知体验之管理游戏法。认知体验根据客观存在对学生主观意识进行作用。管理游戏法则通过情景模拟方式，仿真各类创业模式，让学生在较短的时间内了解和掌握实训创业管理方法。对于创新创业教育而言，该方法是最直接、快速，能够有效了解自己经营效果的创新创业教育方法。三是验证体验之角色扮演法。通过角色扮演的方式，进行验证体验，是体验式教学法的基础"体验"方法。该方法通过情景模拟的方式，编制一套与实际相关、相似的创新创业环境和活动，要求扮演者用多种方法处理任何可能出现的问

① 陈审声. 基于"互联网+"视角下的大学生创新创业教育［M］. 北京：冶金工业出版社，2019.

题，并且能够测评学生的实际操作能力、决策能力、领导能力、潜在能力、社会判断能力和心理素质。四是应用体验之沙盘模拟法。沙盘模拟训练法主要设定了代表相互竞争企业的沙盘盘面，各盘面涵盖企业运营所需的全部关键环节，将真实运营所处的内外环境抽象为一系列的模拟训练场景，进行实际运营。学生在这一过程中，借助参与沙盘载体、模拟企业经营、对抗企业演练、教师现场评析、学生自我后期感悟等完成一系列的实验环节。融合理论与实践一体、集角色扮演与岗位体验于一身的设计思想，使学生在分析市场、制定战略、营销策划、组织生产、财务管理等一系列活动中，参悟创业管理规律。

（2）主要问题

体验式教学方法以学生的主动参与、探索、操作和自主管理为特征，增强学生自主创业的意识。通过在创业实践教育的具体环节中对学生进行实际模拟操作指导，对学生的创业能力、创业素质等方面产生重要影响。在实践过程中也需要避免学生在积极体验的同时，出现"课上热闹、课下无效""乐趣很多、效果不好"的体验式迷途。

创新创业教育教学中的体验恣意化。在创新创业教育中运用体验式教学法，为了创造、模拟真正的创业环境和创新平台，教师和学生的角色发生了转变：教师从传统的"传道、授业、解惑"转变为教育中的引路人，扮演着导演、裁判、咨询者角色；学生从传统的被动学习者变为自主学习者，扮演着创业者、企业家角色。学生的自主权被无限放大，教师在学生为主体的课堂中成为辅助方和旁观者，容易忽略对于课堂整体的主导和把握，出现恣意化的体验现象。具体表现在言语恣意化、管理操作恣意化和角色体验恣意化的问题。为了避免体验恣意化现象发生，需要教师在学生体验学习的过程中，对于体验走向、关键点位进行及时、有效的引导和点拨。针对言语恣意化，需要教师在体验活动开始之前做好引导，使体验活动按照预设顺利开展，在体验活动进行中，随时对学生言语表现进行观测，当言语活动出现偏颇时及时引导或予以制止；针对管理操作恣意化的问题，教师可以做"适当引导"，但不能为了快速实现教育目标而强制学生执行创业活动；针对角色体验恣意化的问题，学生在进行创业体验时，容易出现角色把握不准确、难以融入的问题，需要教师事先选定学生熟悉的创业角色，体验过程中适时做好疏导，避免影响体验效果。

创新创业教育教学中的体验虚假化。在高校创新创业教育中运用体验式教学法，其核心是理论与实践的紧密结合。将先进的教学方法与课本知识相结合，配以看得到摸得到的实例，让学生对创新创业教育有着更直观的认识，这就需要教师在运用体验式教学法的过程中，注重给学生以真正意义上的体验，而不是将体验教学虚假化，变为"走过场"。具体表现在体验模式虚假化和体验感受虚假化。体验模式虚假化，是指教师误以为在创业教育的课堂上搞一些体验活动就算完成了体验式教学，体验式教学法提倡教师通过丰富的教育形式完成教学过程，但并不是单纯引入课堂、"走走体验形式"就完成了体验式教学。体验感受虚假化，是指教师在创业活动中，牵引学生进入预设好的创业活动节点，将学生固化在预设好的体验过程中，牵引体验过程、定义体验感受，而不是学生个体在体验过程中自然形成的体验感受。为了从根本上杜绝体验虚假化现象的发生，需要教师深入地了解体验式教学的理论内涵。

（3）促进机制

传统教学一般采用统一标准和固定模式，对教师的教学内容、教学形式和教学效果进行评价；参考固定答案，通过各种考试对学生学习结果进行评价。而体验教学法与传统教学方法完全不同，更重视学生的学习过程。传统教学把考试成绩作为评价学生学习情况的主要标准，这是不客观、不科学的，对学生的学习效果作出评价需要考虑多方面的因素，除了参考考试成绩，学生的日常学习表现也是一个极为重要的方面。随着社会多元化发展，创新创业教育也应摆脱单一固化的评价方式，拓宽评价标准，从多个方面综合评价学生的学习效果，使学生在接受统一教育的基础上向多元化的方向发展，使学生的个性得到充分展示。因此，在运用体验式教学法时教师应创新评价方式，既要掌握学生的学习情况，又要运用评价反馈找出教学过程中存在的问题并加以改正。评价应注意以下几个问题：一是对教师的评价中，既应侧重授课内容及授课效果转化，注重案例选择、教学情景设计和以学生为主体的授课效果，又应侧重理论与实践转化，进行全方位培养；二是对学生的评价中，既应侧重教学效果的过程评价，即学生心路历程、交流沟通和理解应用，关注体验式教学过程中的参与程度和参与效果，又应采取包括课堂观察、测试与练习、学生作品评价、学生体验与反思等在内的多元化评价标准，着重评价学生的思维能力和应用能力；三是评价机制的主体应兼顾师生双方，既涵盖师生双方互评，又涵盖教师之间和学生之间的评价，三者各有侧重，以此增强师生参与体验教学过程的程度和感受，进而形成体验式教学法在高校创新创业教育中有效应用的长效机制。

3. 项目教学法在高校创新创业教育中的应用与创新

项目教学法是指学生在教师的指导下，在特定的学习集体（项目小组）中，根据学习兴趣和生活经验提出问题或活动的愿望（项目创意），对活动的可行性作出决策（是否立项），并围绕既定的目标（项目成果）决定学习内容和学习方式，自行计划、实施和评价学习活动的教学活动。其突出特点是以项目为载体，实现各种知识与能力的整合与重构；以学生为中心，培养学生的自主学习能力；以小组学习为主要形式，实现探究与合作学习；以过程和产品为参量，衡量教学目标的达成。在高校创新创业教育中，以真实或模拟的项目为研究切入点，以开展项目为手段，能使大学生通过参与项目的方式激发其创业意识，培养其创业思维和创业能力，丰富学生的创业知识并提高其综合素质。在高校创新创业教育中运用项目教学法，应明确以下四个问题。

（1）明确目标

目前，关于创新创业教育的目标，存在两种功利化的观点：一是狭隘地认为创新创业教育的最终目的是培养企业家。二是认为鼓励所有学生创业可以缓解学生的就业压力。在企业的整个生命周期中，创新创业教育是一个独特的阶段，具有重要的意义。按照广受教育界认可的观点，培养学生的创业思维和意识，提高他们在创业方面的能力以及激发他们的创业行为，才是创新创业教育的主要目标。本书探讨的高校创新创业教育的基本定位是分群类教，在校内教育部分，既要面向全体学生开展启蒙教育，也要结合专业教育开展嵌入教育，还要针对有明确创业意向的学生开展创新创业管理教育；在继续教育部分，还要针对初创企业者开展教育培训和帮扶。通过开展高校创新创业教育要达到两个基本目的：一方面要让全体学生了解创业的基础知识、基本过程和基本技能，从而在广大学生的内心深处播下创业的种子；另一方面，使教师能够发现学生的创新创业潜能，并对那些想在大学期间或毕业后有兴趣开展创业活动的学生，进行个性化培养，引导学生走上实际创业之路。项目教学法在高校创新创业教育中的应用就是要努力促进此目标的达成，在四个层次的创新创业教育中均可利用项目教学法来提高教育的针对性和实效性。在面向全体学生开展的启蒙教育阶段，学生的创业意识非常薄弱，因此，可以有针对性地选取难度比较低、学生比较感兴趣的项目，通过引导学生进行自觉性决策和创造性实验来培养其"创业精神"，植入"创业意识"，培养学生"自主工作"和"持续学习"的能力；在与相关专业结合的"嵌入型"教育阶段，要根据不同学科的特点，结合专业特色，选择与学科相关性大的项目来引导学生根据专业特长进行创新创业；在"专业型"创新创业管理教育阶段，要以提升学生创业实战技能、培养实际创办企业的能力为目标，所以要选择知识融合度大（比如同时包含企业运营、组织与行为、市场营销等相关知识）的项目，或者根据现实中的经典项目案例改编出能够锻炼学生特殊能力的项目，使他们掌握创办和管理中小企业的知识和技能，提高驾驭能力和规避风险能力，从而提升创业成功率；在继续教育阶段，初创企业者本身就拥有一个很好的项目创意，因此应侧重于将项目教学法运用到具体的咨询、培训和服务中，也可以提供以往教学中积累起来的与其项目相关的丰富经验，帮助他们度过企业初创期。

（2）组织形式

项目教学法采用的是团队合作形式，即在教师的指导下，学生积极主动地完成项目任务，这是一个教师和学生共同参与的过程。彼得•圣吉曾指出："当团队真正在学习的时候，不仅团队整体会产生出色的成果，个别成员成长的速度也比其他的学习方式快。"因此，团队合作形式有助于实践教学的顺利开展。例如芬兰于韦斯屈莱应用科技大学的团队创业学园，这是一个经典的团队合作案例。在这里，学生不用再听教师讲大量的理论知识和创业案例，而是通过开放式办公空间展开实践，学生在这里可以参与会议，参与真实的创业项目。项目教学为学生提供了真正参与创业实践活动的机会，实现了创业教育的目标，真正做到了"学以致用、边用边学"。将项目教学法应用到创新创业教育中需要注意灵活地把握组织形式。学校可以面向全体学生普及创业教育，让每个专业的学生都能通过普及式的创业教育掌握创业的基本知识和技能，进而使不同专业的学生对创业有更深入的认识，培养他们的创业能力和创业精神。在中国普及创新创业教育的过程中，采用了选修课的方式，选修课是指学生可以自主选择学校安排的课程，在创新创业选修课上，有来自不同专业的学生，他们组成一个班集体，一起学习创业知识，在期末结课后，这个班集体会自动解散。另外，对有强烈创业意愿，并且想在未来一段时间内创业的学生，可采用聚焦式教育，即培养创业人才和创业教育相关师资或研究者。这种模式可以采用固定团队的形式，这种团队的周期长、综合性较强，通过项目的各种活动，能够形成专业的创业素质和创业理论体系。

（3）项目选材

项目选材是否恰当将直接影响项目教学法在高校创新创业教育中应用的成败。项目选择要以高校创新创业教育的目标为出发点，以教学内容为依据，既要包含教学知识点，又要能调动学生的积极性，让学生在运用所学知识的同时，充分发挥自己的创造力。具体可概括为以下几点：一是所选项目要有针对性。在具体项目选择时，要根据高校创新创业教育的具体目标、受教育学生的学科背景、学生的兴趣点及已掌握的创业技能水平进行筛选。二是项目的可行性。所选项目无论在实践还是资金等其他方面必须是切实可行的。三是项目的综合性。所选项目要涵盖多学科知识，在弥补学生知识空缺的同时，提高学生整合各种知识的能力。四是选择项目要有技巧性。要根据创新创业教育过程不同阶段中学生对创业知识的掌握程度，不断加深项目的难度，在符合学生接受知识规律的情况下，不断提高学生的学习能力和创业能力。

（4）教学效果考核与评价

在项目教学完成后，如何对学生的表现进行考核和评价是一个值得深思的问题。可以采用团队成员自评、成员互评、教师评价的方式，同时还可以根据具体项目类型设置网络投票环节，但这些过程都需要有一定的监督措施。评价标准可以由团队练习表现、文献学习和研读、实践环节表现三个部分组成。团队成员根据自己团队完成创业教育目标的情况，同时结合自己在团队中的表现，是否掌握了创业相关知识和技能来对自己作出评价；为了防止恶意评分的出现，互评可以采用去掉最高分、去掉最低分的方式计算评价结果；教师根据学生个人及所在团队的表现，给出评分；网络投票环节要严格把关，可以设置投票限制条件，比如只有本校学生才能投票。为了评分更加合理，可以选择部分创新创业领域专家，采用层次分析法计算出每一项的权重，对以上四项评价结果进行加权求和作为综合考核结果。

二、大学生创新创业教育的科学评价

在创新创业教育过程中，以科学评价为基础，不断提高教学效率和效果。本部分具体探讨了数量评价、个体发展水平评价和纵向综合评价三个问题。在数量评价方面，探讨了"创业率"评价的问题与改进措施，笔者认为不能单纯以应届毕业生的创业率这一数量指标来评价创新创业教育效果；在"个体发展水平"评价方面，笔者认为需要建立评价指标，对创业意向和创业能力进行评价；在纵向综合评价方面，深入研究了当前比较前沿的基于"计划行为理论"的纵向综合评价方法，对其评价指标选择和体系构建进行了深入研究。在此基础上建立起与高校创新创业教育相匹配的价值导向、质量标准和评价方式，进而形成全新的评价观。

（一）"创业率"评价的现状、问题与趋势

1."创业率"评价的现状

社会各界人士普遍将大学生毕业时的创业率作为评价创新创业教育成效的一个重要指标。近几年来，我国对高校创新创业教育给予了极大的支持，为了实现以创业带动就业的目标，集中人力、财力、物力发展创新创业教育。从理论上来看，国家投入各种资源，大力发展创新创业教育，学生的创业率应当得到明显地提高。然而，实际的创业率并不乐观。

2."创业率"评价的问题

"创业率"的概念一经提出，就受到了社会各界的关注，其中不乏尖锐的批评和深度质疑。有学者认为：从测量角度看，创业率指标因为简单、可比而显示出实用性。这可能在市场经济发达的欧美国家较为适用，但是否适应中国背景下高校大学生创业教育效果的衡量，就很值得商榷了。"大学毕业生创业率"受到了社会各界的广泛关注，是评价高校创新型人才培养质量的一项关键指标。创业率是指大学毕业生创业人数在大学毕业生总人数中所占的比例，它只是一个反映创业情况的量化指标，这个指标并不能反映出大学毕业生创业进展是否顺利、创业是否成功，因此也无法用这个指标全面评价高校创新创业教育的效果。

"创业率"这一指标的确有不足之处，但这并不能说明用创业率来评价创新创业教育的效果是错误的。笔者认为使用该评价指标，一是能够了解中国大学毕业生在大学毕业后选择创业的局部情况，可以从侧面反映出高校创新创业教育的质量；二是可以排除创新创业教育因素，看出创业环境对大学生创业活动的真正作用；三是可以看出相比于欧美国家，中国创新创业教育的"时滞效应"有多么严重，有多大改善空间。因此，创业率这个指标是没

错的，关键是不能用它作为评价高校创新创业教育状况的唯一指标。所以，对有学者提出的"教育主管部门每年应在主要媒体同时公布高校'创业率前十名''创业率后十名'和'就业率前十名''就业率后十名'"感到甚为不妥，而对同样是这位学者提出的"教育主管部门应将毕业生'创新创业状况'同'就业状况'一并列为高校办学水平和人才培养质量的重要评价指标"却感到甚为可行。"创新创业状况"作为一个全面评价创业情况的指标，除了包含创业率，还包含了许多其他评价标准，相比于单一的量化评价指标，"创新创业状况"这一综合性的评价指标为评价大学毕业生的创业情况提供了诸多便利，有效促进了高校创新创业教育的健康发展。

3. "创业率"评价的趋势

相关专家学者对创业率作了多方面的研究，切实解决了"创业率"评价所面临的诸多问题，提高了"创业率"的评价效果。

通过研究，一些学者提出了"时滞效应"，该理论认为大学生从开始学习创新创业知识到真正参与创业，这之间存在一个较长的时间差。因此"时滞效应"只能反映部分事实，而不能反映全部。首先，虽然美国的创新创业教育也存在"时滞效应"，但与中国相比，并不是那么严重，因此美国大学生创业率要比中国高得多。那么造成中国高校创新创业教育出现严重"时滞效应"的根本原因究竟是什么呢？人们清楚地意识到高校是无法完全"避责"的。中美两国之间的创新创业教育存在着巨大的差异，这意味着要提高我国高校创新创业教育的质量。同时，我们应该把目光放得更远一些，以脱离教育界的角度来审视中国大学生创新创业教育出现"时滞效应"的真实原因，除了高校本身的教育问题，社会提供的创业环境也是创新创业产生"时滞效应"的重要影响因素。其次，一些学者根据"时滞效应"，发现创业公司的创始人的年龄一般都在33~35岁，也就是说他们在大学毕业后10年内完成创业，基于这一发现，相关学生认为对创新创业教育的评价应是长期的、纵向的。长期、纵向的评价是否能有效地反映出创新创业教育的效果也尚有争议，这是因为在大学生毕业后的十多年里，其在创业的同时也在不断积累社会经验或继续深造，这些因素也会影响到他们的创业行为，因此，在评价过程中，无法将这些因素产生的影响与创新创业教育对大学生创业行为产生的影响完全区分开，也就不能将大学生毕业后十年内所有的创业行为都归结于"时滞效应"。

在创新创业教育的评价过程中，"创业率"这一衡量指标存在一定的局限性，因此，构建一种全面的、综合的评价系统和指标体系至关重要。笔者认为对创新创业教育进行评价应该考虑多个维度，"宜粗不宜细、宜简不宜繁"，现阶段，较为符合这一原则的并且具有一定可行性的是个体发展水平评价。

（二）个体发展水平评价的现状、问题与趋势

1. 个体发展水平评价的指标维度

个体发展水平评价的指标维度一般是从质量和数量两个维度进行的。在数量维度上不能只关注一些显性指标，如学生创办的企业数量、提供的工作岗位数量以及学生创造的收入等，也要将一些隐性指标作为评价依据，如大学毕业生的就业率、工作以后的发展状况、收入状况等。要以"大创业教育观"为基础，使创业教育和就业教育密切结合、有效衔接。在质量维度上，由于创新创业教育是一种关乎学生综合能力和综合素质发展的教育，因此，评价指标有很多，具体涵盖了以下几个方面：一是大学生是否养成自主学习意识以及树立终生学习观念；二是大学生是否提升个人素养、能力，掌握知识与技能；三是大学生是否积极参与社会实践活动和创业实践活动；四是大学生的创业行为是否带来明显的经济效益；五是大学生的社会适应能力是否显著提高。除此之外还有许多指标，如何运用这些指标对个体发展水平进行有效评价，并探寻这些指标与创新创业教育之间的联系才是最为关键的问题。我们必须找到最核心的、最有效度的指标，才能对创新创业教育进行有效评价。

有的学者提出了"内生变量""外生变量"等概念，认为可以用大学生

的创业意愿、创业能力等"内生指标"作为衡量大学创业教育水平的指标，这些指标更客观。用"创业意愿""创业能力"这两个"内生指标"对大学创新创业教育进行评估，虽然这种方式可以较好地体现其真实成效，但问题在于，创新创业教育评估是一项庞大的系统工程，仅凭这两个指标，无法对其总体和长远的影响进行评估。同时，企业的创业意愿、创业能力等指标也有待进一步的改进与完善。

2. 创业意向评价的现状、问题及趋势

（1）创业意向评价的现状

创业意向是一种引领创业行为的意识与心理导向，国外对创业意向的研究已经有相当长的一段时间了，但在中国，创业意向还是一个新的研究方向，因此，需要整合国内外相关文献资料，对创业意向的现状进行综合分析，以全面了解创业意向这一指标的评价效果。

（2）创业意向评价的问题

首先，创业意向的内涵研究有待深化。作为研究创业意向的前提性依据，当前有关创业意向的概念和内涵没有在学界形成统一认识，这为进一步深化和拓展创业意向研究的深度和领域带来了困难。创业意向的含义界定个性化，创业意向术语使用混合化、创业意向维度结构模糊化等，都需要创业意向研究的基础理论从根本上创新。其次，创业意向的测量研究有待统一。由于学界目前对创业意向的概念和内涵尚未形成统一的共识，创业意向在基础理论、前沿拓展等方面的研究不成熟，导致创业意向研究从多人出发、形成多种问题意识、有多种探索表达转变，集中表现为研究工具、统计方法、监测手段的不一致。

（3）创业意向评价的趋势

其一，开展跨国别、跨文化比较研究。比较研究的重点在于在不同文化间寻求能够在新场域建立的间性因素，而作为国外成熟、国内新兴的创业意向研究，以世界的全球化和民族的宽领域为基础，探索不同国别、不同文化的创业意向比较，对于不同文化背景的创业意向影响、不同环境因素的创业

意向构建、不同生态氛围的创业意向机制的发掘具有重要意义。

其二，建设实效性创业意向研究机制。当前创业意向研究的基础理论和实践应用有待深化，而能够推动创业意向研究的基础性工作是建立国家框架，为创业意向研究提供统一测量标准，并提供一个国家关于创业意向内涵及结构的权威性界定，从而推动创业意向研究在基础理论和实践应用等领域的拓展。

3. 创业能力评价的现状、问题及趋势

（1）创业能力评价的现状

目前，创业能力评价的研究主要聚焦于创业能力结构模型的构建。学者们一般是在创业者、企业家及相关专家访谈基础上，初步确定创业能力的要素，进而通过问卷调查和一定的统计分析方法，确定创业能力结构模型。

（2）创业能力评价的问题

一是亟待加强创业能力国家框架的研究与探索。二是创业能力过于关注单一的问卷自评式方法的研究与实践。

（3）创业能力评价的趋势

一方面是要把创业能力作为国家战略，整合优势资源和力量，构建中国创业能力国家框架，更为创新创业教育提供重要参数。另一方面，要进一步深入研究创业能力评价方法，基于创业能力国家框架构建一套科学有效的创业能力评价方法体系。

（三）大学生创新创业教育评价的发展趋势

1. 建立正确的评价观

做好创新创业教育评价必须明确一个基础性前提性问题，就是评价观问题。评价观决定着评价的目的、内容和方式，开展创新创业教育评价必须首先确立正确的评价观。

高校发展创新创业教育初始动力是通过创业来促进就业，创业具有就业的倍增效应，经过持续努力，以创促就成效显著；当前在以创促就的基础上，

创新创业已经成为经济发展的驱动力量。"大众创业、万众创新"已经蔚然成风，其价值导向是在全社会推广创业文化，营造鼓励创业、尊重创造的社会文化氛围。不论是以创促就还是创新驱动，均应以培养创新创业型人才为根本，这是正确的价值导向。从长远眼光来看，创业是推动一个国家或是一个区域持续快速发展的原动力，创新创业教育是提供这一源动力的"发动机"，这是被经济、管理、教育界学者反复证明了的。所以在评价创新创业教育的效果时，一定要立足长远，不能急功近利，不能看得太近，不能评得过急，既要看到创新创业教育对于学生实际创业的促进和帮助，也要看到创新创业教育培养学生形成的独特的思考和行动方式，不仅适用于商业领域，而且可以广泛应用于其他领域。从这个角度来评价创新创业教育，就超越了技能培训的视角，而是把创新创业教育作为一种教育的理念和模式来衡量，这才是正确的评价价值取向。

在正确的价值导向的指导下，创新创业教育评价应该遵循三个基本原则。一是过程性原则。要准确把握高校创新创业教育的若干核心环节，对课程体系、模拟训练、市场体验、实操实创等环节进行全程监测，确保学生在每一个环节都学有成效，对于评价效果不好的环节，要及时改进。二是长期性原则。创新创业教育的效果长期存在，动态呈现，需要关注学生的长期发展，注重对学生的跟踪评价，进行及时反馈。评价体系的构建必须突出层次、抓住重点，不但要考虑创业教育的目标，还要考虑外界环境等综合因素，着眼于综合创业能力的提高。三是多重性原则。要将教育效果与学校办学特色、人才培养目标和学生个体实际等多个维度统筹考量，不能用唯一标准衡量。只有坚持多重性的原则，才可以全面了解大学生创业意向的趋势，从而为科学制定创业政策提供依据。

2. 制定科学的质量标准

实践性是创新创业教育最明显的特点，基于这一特点，在创新创业教育过程中，要摆脱传统教学模式的束缚，去除精英化、理论化，要注重理论联系实际，采用"做中学"的教学方法，突出创新创业教育的实践性，还需要在教学评价中引入与之配套的评价手段。设想一下，如果将教学过程定位为"实践取向"，将评价方式定位为"应试取向"，不仅会降低教学效果，还会对学生学习的积极性产生负面影响，进而无法提高学生的创业能力。要想突出创新创业教育的实践性，提高创新创业教育的质量，就必须制定科学的质量标准。

评价一个学生接受创新创业教育的效果，除了看其知识掌握情况，还要看学生将知识运用到实践活动的情况，不是鼓励学生埋头于知识的记忆和储备，而是要推动学生积极投身于社会，在实践中培养和锻炼学生的创新精神，进而考核创新创业教育总体培养质量，也不能单纯看创办企业和创造岗位的数量，而是要看创新创业综合素质的提高，看创新能力的培养，看创业精神的养成。完备的创新创业教育质量评价指标，既要包括个体的主动学习精神和终身学习理念，也应涵盖个体意识、个性、能力、知识等方面内容，还应包括个体参加创业实践等内容。

3. 正确选择评价的时点与内容

国内高校创新创业教育的"时滞效应"十分严重，所以很难在短期内对大学生的创业数量、创业成果以及创业行为产生的社会效益等多个指标进行测量。因此，评价的时间与评价的内容十分重要，对此应作出正确的选择。

一些学者依据大学生创业教育的实践成效，将创业教育评价指标划分为两种类型，一种是"短期指标"，另一种是"长期指标"，并提出了"以不同的评价指标评价不同时期的创新创业教育"的结论。在创新创业教育刚完成时，可利用创业意向、创业知识与技能掌握情况以及创业能力等短期指标来评价创新创业教育的效果；而 10 年后的创新创业教育效果，可以通过创业行为产生的经济效益和社会效益、创业公司的商业价值等长期指标来评价。另外还有学者构建了以时间节点为基础的评价指标体系，在该体系中，学者将创新创业教育划分为五个阶段，每个阶段对应不同的评价指标。在学生接受创新创业教育的阶段，以上课人数、学生对创业的认识以及对创业的兴趣为评价指标；在创新创业教育完成后的短时间内，以大学生的创业意愿、创业知识与技能的掌握情况、创业能力的发展情况为评价指标；在创新创业教育结束后的 5 年内，以学生创办或收购的企业数量、创造的工作岗位数量为评价指标；在创新创业教育结束后的 5～10 年内，以创业者所创办企业的声誉和影响力、企业的创新能力和可持续发展能力为主要评价指标；在创新创业教育结束 10 年以后，以创业公司所产生的经济效益和社会效益、对社会作出的贡献、企业的运营能力为评价指标。这样一种细分时段、细分内容的纵向评价方式可以更加准确地反映出创新创业教育的影响力。

4．科学把握发展趋势

一是从对经济效应的评价转向对个体效能的评价。创新创业教育是一个推动社会经济发展不可忽视的因素，所以在对创业教育进行评价时，人们往往把创业教育的经济效应作为评价标准，比如，通过比较上课和不上课的人数，或者创业课程是否激起了学生的创业意向，以及接受过创业教育的学生创办的企业数量和提供的工作岗位，来评价创业课程的经济效应。直到"时滞效应"理论的提出，相关学者才意识到仅在经济效应方面评价创新创业教育的实际效果是不合理的，由此人们开始关注在个体效能方面的评价，这是创新创业教育评价的一大进步。

二是评价模式由结果性评价向过程性评价过渡，与国外相比，国内的创新创业教育模式存在许多缺点，许多学者只关注创新创业评价体系的构建研究，甚至认为构建评价指标体系就是构建评价体系，而忽视了对创新创业教育评价模式的研究，有关教育评价模式的研究极少。过程性评价和结果性评价是教育评价中的两种基本模式。结果性评价关注学生的学习成果和目标达成度，而过程性评价则强调学生的学习过程、发展状态和潜能。过程性评价有助于培养学生的综合素质和创新能力。传统的结果性评价往往过于关注学生的知识掌握程度，而忽视了其综合素质和创新能力的发展。现今，无论是创新创业教育，还是其他学科的教育，都开始关注过程性评价，在传统结果性评价的基础上结合过程性评价，以综合评价学生的各项能力表现以及教学效果。

三是评价方法越来越多样化。在创业教育模式多样化的背景下，创业教育评价方式也越来越多样化，尤其是在信息技术飞速发展的今天，在创业教育评价体系中引入大数据技术，使创业教育评价在借鉴与吸收其他学科的理论与方法的基础上，不断拓展评价方式，为创新创业教育评价的理论和实践提供了新的视角，推动它向纵深发展。

第四节　大学生创新创业教育发展趋势与路径选择

一、大学生创新创业教育的发展趋势

（一）"面向全体"是主流趋势

2012 年，教育部发布了相关文件，指出"创新创业教育要面向全体学生"，各地高等院校也积极响应"面向全体"的教育思想，从教育目标和教育对象两个方面对"面向全体"进行了解释，高校以全面发展所有学生的知识与技能、增强所有学生的创业意识为目标，对全体学生实施创新创业教育。其实，"创新创业教育要面向全体学生"有更宽泛的含义，如一些学者所倡导的"全校性""广谱式"创新创业教育，正是对"面向全体"思想的深入理解与具体体现。笔者认为，以数量增长为主要目的的创新创业教育初级阶段已经过去了，目前"面向全体"的创新创业教育正处于以组织变革为目的中级阶段，应当加速改革，尽早向高级阶段转变，以达到和谐共存、创造生态系统的核心目的。

（二）形成特色鲜明的教育模式是重要途径

高校创新创业教育的特色模式主要有"校本模式""区域模式""行业模式"三类，高校在坚持"校本模式"的同时主要呈现出向区域特色和行业特色发展的趋势。未来各高校创新创业教育要形成"三位一体、特色鲜明"的模式，即各高校创新创业教育模式要将"校本、区域和行业"三方面有机结合，统筹协调、紧密联系，以实效性作为创新创业教育模式选择的判别标准，形成具有鲜明特色的创新创业教育模式，使不同高校创新创业教育的效果最大化。

（三）完善教育体系是实现纵深发展的关键

1. 创新创业教育课程体系的实践化

在创新创业教育领域，课程体系的实践化主要是指"课程内容实践化""教学方法实践化"。具体来讲，教师在进行创新创业教育教学时，要将课程内容融入创业实践活动中，在开展创业实践活动时也要融入课程内容，这就是"课程内容实践化"。在教学过程中重视创业实践，同时也不能忽略创业理论知识的传授，课程内容实践化不代表着课程内容"去理论化"，理论和实践并不是对立关系，以理论知识指导实践活动，以实践活动消化理论知识，将理论知识与实践活动融于一体，可以获得最佳的教学效果；以具有实践导向的教学方法，如案例教学法、探究式教学法、互动式教学法等开展教学活动，这就是"教学方法实践化"。在创新创业课上综合运用各种实践性的教学方法，可以增强大学生的创业意识，提升大学生的创业素养，最为重要的是能有效提高他们的创业实践能力。

2. 创新创业实践教育体系的课程化

学生可以将在创新创业课上学到的理论知识运用到创业实践活动中，并在创业实践活动中积累创业经验，提高创业能力。创业实践教育体系包括竞赛、园区和活动等载体，当前应该在科学规划基础上，完善现有载体、探索新型载体，强化育人功能，实现创业实践教育体系的规范化发展。一要科学规划，将创业实践教育与专业实践教育有机结合，在内容、形式、师资、管理和保障等方面参照"课程"体系的标准去建构和完善；二要转变实践教育观念，使学生和教师正确看待创业实践的目的和意义；三要规范实践教育过程，突出强化实践教育的育人功能；四要完善实践教育考核方式，轻结果评比，重能力培养。

（四）构建系统化协同推进的支持体系是有力保障

1. 成立大学生创新创业教育专门机构，完善体制机制

创新创业教育的深入发展对于机构和制度保障要求越发强烈，高校建立专门的大学生创新创业教育机构，并健全制度、理顺机制是未来发展的趋势。具体而言，要结合自身特点成立大学生创业学院或中心，要把创新创业教育和大学生自主创业工作纳入学校重要议事日程；理顺领导体制，建立健全教学、就业、科研、团委、大学科技园等部门参加的创新创业教育和自主创业工作协调机制；统筹校内资源，整体规划和协调创新创业教育、创业基地建设、创业政策扶持和创业指导服务等工作，明确分工，确保人员、场地、经费投入。

2. 打造"三师型"师资队伍

一方面是重点建设、完善师资队伍结构中的"三种类型"：理论型的校内专职教师、综合型的校内外兼职教师、实践型的社会兼职教师。另一方面是教师必须具备"三种素质"：一能讲课，拥有"广而深"的专业知识；二能咨询，拥有"精而专"的实践技能；三能实战，拥有"丰而强"的创业阅历和能力。从而提升教师水平，优化教师结构，突破质量瓶颈。

二、大学生创新创业的路径选择

（一）大学生创新创业路径培育

在创新创业成为一种社会需求的今天，大学生创业是大势所趋，是现实需要，纵观西方发达国家，经济的可持续发展都是靠大学生创新创业驱动的。

1. 大学生创业的现实需求

第一，大学生创业是经济平稳转型的形势所需。我国目前正处在经济社会转型发展的关键阶段，缺少创新型人才，这严重阻碍了企业转型。因此，

国家应该重视创新创业教育，大力发展和支持高校的创新创业教育，唯有如此才能为社会和企业提供源源不断的创新型人才。以浙江省为例，浙江省作为一个民营经济比较发达的省份，对高技能创新型人才的需求也越来越大，这为浙江省的高校开展创新创业教育提供了一个千载难逢的机会。高校要顺应时代的潮流，主动地探寻市场需求，积极地进行变革，为浙江地区民营企业培养具有地域特色的创新型人才，同时，还要增强大学生的创业精神和意识，培养大学生的创业素质和能力，营造一个良好的创新创业环境，鼓励大学生自主创业。

在发达国家，创业是社会进步的主要因素，为社会发展提供了源源不断的动力。因此我国也应将创新创业教育作为社会、经济发展的重要教育支撑，同时，创业也是缓解社会就业压力的一种方式。

第二，高校开展创新创业教育是大势所趋。2015 年，在全国两会期间的《政府工作报告》中，李克强总理明确提出"大众创业、万众创新"，持续推进中国经济发展。他强调，"大众创业、万众创新"是一项重大的改革措施，它能汇聚人民的智慧，使人民群众发挥创造力，这项举措是增强国家综合实力，使人民走向共同富裕的关键。因此国家应大力发展创新创业教育，为社会经济发展提供高技能创新型人才，使创业成为国家发展的助推力。社会迫切需要具有创新精神和创业精神的人才，这必然会加快我国高等教育改革的步伐。高等教育的改革势在必行，而创新创业教育则是其中一个重要的突破口。

《高等教育改革和发展的优先行动框架》于 1998 年在世界高等教育会议上首次发表，该框架明确指出："高等学校，必须将创业技能和创业精神作为高等教育的基本目标"，要使大学生"不仅成为求职者，而且逐渐成为工作岗位的创造者"。

第三，大学生自主创业是其自身发展的必然要求；大学生是国家发展的重要力量源泉，是祖国的未来，他们肩负着发展社会经济的使命，具有强烈的社会责任感。大学生比普通人更加渴望实现自己的价值，更加希望能够让自己变得优秀，能够为祖国的建设和发展贡献一份力量，因此大学生可以选择自主创业，实现自己的人生价值。大学生在创业过程中，能够充分发挥自己的智慧和能力，创业的同时也为其他人提供了就业机会，帮助他人实现自我价值的同时其自身也实现了社会价值，为维持社会稳定、和谐发展作出了贡献。

2. 基于互联网环境下大学生创新创业路径培育

随着互联网的普及，人们的生活、工作、娱乐等各个方面都发生很大改变，当然，互联网对高等教育也有巨大的影响，高等教育改革成为必然趋势。在对高等教育进行改革时，创新创业教育是一个重要的改革方向。基于"互联网＋"技术的高校创新创业教育体系的构建意义重大，体系间是一个周而复始、循序渐进的过程（图 5-4-1）。

图 5-4-1　创新创业教育循环

第一，以互联网为基础，构建和完善高校创新创业课程体系。大学生获取创业知识和技能的主要阵地就是创新创业课。大学生在高校创新创业课程中接受创新创业教育，获得创新创业精神和意识以及创业素质和能力。在"互联网＋"技术的支撑下，针对大学生的心理特征与个性需求，构建自助式的创新创业课程体系，例如，在高校官网上设置创新创业教育专栏，上传创新创业课程资源和一些成功的创业案例等，可以将学生浏览专栏的次数和时长换算成学分；聘请专业人员开发创业课堂手机客户端，为学生学习创业知识提供便利的环境和条件；高校还可以创建微信群，随时发布创业视频或为有创业意向的学生解答疑难问题；聘请专业的创新创业教育专家，组织学生在线观看讲座，学习创业知识。

第二，要充分利用网络的优势，在校园内营造创业文化氛围。汇聚不同专业的学生和教师，建立一个创新创业教育社团，在此基础上，寻求资金支持，大力宣传创新创业教育，在校园内传播创业文化，使之逐渐成为有影响力的创业组织。在高校内部建立一个良好的创新创业教育环境，可以利用校园广播、校报校刊、校园宣传栏、高校官方微博、校园网站等各类平台，大力宣传和弘扬创业文化，营造创新创业教育氛围，并公开表彰勇敢创业的大学生，以此来增强大学生的创业意识。

这种网络化的创新创业教育氛围，无形之中加强了学生对创业知识的了解，增强了学生的创业意愿，激发了学生的创业行为，使他们将专业知识融入创业活动，勇敢地走向创业之路。

第三，充分利用网络的优势，开展大学生创业辅导。随着网络科技的飞速发展，那些不会使用网络技术的人就会丧失先机。大学生是使用互联网的主要人群，高校可以自主研发手机创业软件，将创业知识、创业最新资讯等内容实时地推送给学生，使学生能够随时随地地接收有关创业的信息，体验创业的魅力；在网站上设置创业答疑论坛，对学生提出的有关创业的问题及时给予解答；创建创业群，为有创业意愿的学生搭建交流的桥梁，分享创业信息；加大投资力度，为大学生搭建一个与优秀企业家互动的平台，让大学生有机会学习成功企业家的创业精神，同时也可以让大学生借助这个平台寻找到适合自己的公司，开展创业实践。

第四，依托互联网技术开发创业实践系统。实践性是创业活动的主要特点，应借助"互联网＋"，开展新型的创业实践活动，摒弃一些落后的实践方式。比如，考建网络化的创业实践平台，在网上模拟创业实践项目；学校可以在网络上开设大学生创业园区，鼓励学生在线上园区创办企业，在网络上经营企业；开发创新创业教育平台，汇聚各路专家名师，为大学生提供创业指导。所有的创业实践活动都应体现出实践性和创造性。

另外，还可以由高校和企业联合创建实训基地，采取合理的措施保障实训基地的平稳运行，完善考评机制提高学校各部门参与创业实训的积极性，为创新创业教育事业打下坚实基础。为切实保障创业实训基地的日常管理工作能有序进行，需要高校投入相应的人力、财力、物力，使创业实训基地能有效发挥作用，推动创新创业教育在高校长远发展。

第五，建立基于"互联网＋"的大学生创新创业教学评价体系。高校学生的创业能力和创业素质以及高校学生中的创业人数不能完全反映高校创新创业教育的实际效果。需要借助"互联网＋"技术，构建全新的创新创业教育评价体系，以创新创业教育影响力和创业成功率等为主要评价指标，对创新创业教育的最终效果进行评价；通过对大学生创新创业教育的实证研究，构建相应的理论模型，以期为我国大学生创新创业教育的健康、可持续发展提供科学依据。

第六，建立相应的创新创业指导服务机构（图5-4-2）。

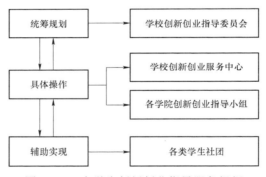

图 5-4-2　大学生创新创业指导服务组织

（二）大学生创新创业路径模式

1. 大学生创业路径演绎规律模型

大学生创业者在创业实践中不断地从变动的市场环境中学习和模仿，创业模式是一个伴随着创业者学习曲线和外部环境变迁而不断演化的过程，必须从动态和演进的视角审视大学生创业模式。大学生创业模式的动态演化过程强调内在资源禀赋、内部创造力与外部机会、外部资源的不断优化重组，不同类型的初创模式具有不同的特征和资源能力，因而其各自的演化和成长路径也是不一样的。

根据不同类型的初创模式所具有的不同特征和资源能力，可以将创业模式的内生演化分为五种不同的路径（图5-4-3）。

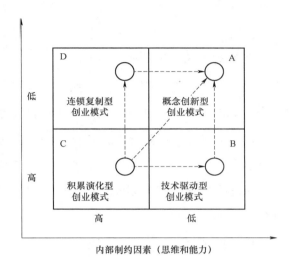

图 5-4-3　创业路径演化模型

（1）D→A 路径：从连锁复制型创业模式向概念创新型创业模式演化。

（2）B→A 路径：从技术驱动型创业模式向概念创新型创业模式演化。

（3）C→A 路径：从积累演化型创业模式向概念创新型创业模式演化。

（4）C→D→A 路径：从积累演化型创业模式经由连锁复制型创业模式向概念创新型创业模式演化。

（5）C→B→A 路径：从积累演化型创业模式经由技术驱动型创业模式向概念创新型创业模式演化。

2. 学生组织拓展大学生创业路径

在对大学生进行创新创业教育的过程中，高校学生组织要将大学生的个人优势充分挖掘出来，充分了解每个学生的创业优势，为学生的创业活动营造一个良好的外部环境，用新的发展思路、先进技术来培养具有创新思维、创新能力和创新精神的大学生。

（1）各类学生组织促进大学生创业的重要性和可行性

在大学生创业的过程中，各类学生组织发挥着至关重要的作用。在政府的领导下、社会对人才的要求下，大学生结合自身的需求开展创业活动，以实现社会和个人的共同进步；创业还可以带动就业，能够有效减轻大学生的就业压力；各类学生组织还可以使学生的综合素质特别是创造力得到全面发展，从而对创新型人才的培养起到推动作用。

高校学生组织既要增强自身的组织能力，又要扩大作用范围，为大学生的就业创业提供一个更好的平台。其独特的优点在于：育人理念先进、工作方式科学合理、人脉资源丰富等。在充分发挥自身优势，帮助大学生进行自主创业的同时，高校学生组织也要积极地对先进的创业教育理念、先进的科学技术进行探索，从而增强大学生自主创业意识，提升他们的创造力，使创新创业活动在大学生当中顺利进行。

（2）大学生自主创业的现状及其存在的问题

近几年，各高校都在为大学生的创业提供更多的支持。高校通过开设大学生创新创业课程，为大学生提供创新创业教育，同时为大学生提供参与创业实践或者是模拟创业的平台。除此之外，许多高校还创办了创业实训基地，为大学生提供创业场所，帮助大学生实现创业的梦想。大学生在积极创业的同时，也推动了社会的发展。因此鼓励大学生自主创业既可以提高学生的创业能力，帮助其实现自我价值，又可以促进大学生实现社会价值，为社会创造效益，还可以为更多的年轻人创业作出表率，促进青年人就业创业。如今，倾向于自主创业的大学生越来越多，但是由于大学生社会经验尚浅而且创业资金有限、人脉资源匮乏，其创业行为失败的概率很大，只有极少数的人能创业成功。

当前，我国高校毕业生创业面临着以下几个问题：现有的高校毕业生创业制度不够健全，社会对高校毕业生的扶持力度不足；青年大学生资金匮乏、缺乏经营经验、抗压能力弱、创业观念落后等。目前，国内高校为大学生提供的创业教育太过宽泛，创业教育的内容停留在理论讲解阶段，还需要进一步完善；缺少一套切实可行的、系统的指导计划。

（3）各类学生组织进一步促进大学生创业的路径

根据上述问题，高校学生组织要充分利用自己的优势，发掘自己的潜能，竭尽全力为大学生创业保驾护航。各类学生组织要深入了解高校的教育规律，挖掘学生的个体差异，在充分了解学生需求以及高校人才培养规律的同时，为高校学生提供良好的环境与条件，使他们愿意创业、勇敢创业、成功创业。高校学生组织在推动大学生创业的过程中，应发挥积极的作用。

一是要充分利用高校思想政治工作的优势，调动高校学生的创业积极性；基层学生组织具有强烈的政治、思想意识，它是大学生思想政治工作的领导者和组织者，在开展大学生思想政治教育工作、培养大学生优良品质方面有绝对的优势和丰富的经验。

二是各类学生组织广泛分布在大学生群体中，在对大学生进行自主创业指导方面有得天独厚的优势。学生组织是一个结构完整、分布广泛的体系，整个学生组织体系从纵向来看是从学校学生会到院系学生会，再到每个班级的链式结构；从横向来看是各独立的学生部门之间，以及院系学生会之间的树状结构，这样的结构便于学生组织开展各项工作，使信息传递上通下达，学生的需求也能得到尽快满足。

三是充分发挥高校学生组织善于传播文化的优势，为大学生传播创业文化，提升他们的创业素养。将当代大学生的个性特点与学生组织的文化特征融合，是提升大学生创业素养的有效途径。与过去的大学生相比，新时代的大学生有着更加鲜明的特点，他们受新时代社会环境的影响，更具创造性，敢于不断创新，做事不畏手畏脚，以实现自我价值为最终目标，永远朝气蓬勃，这些性格特点都有利于大学生进行自主创业，但是，要想真正发挥出这些性格特点的优势，还得靠学生组织对其进行转化。

学生组织是新时代高校的产物，具有敢为人先、追求创新的时代精神。在面对当代大学生时，学生组织也应采取适当的措施，在保障其创业积极性的同时，也要对他们进行一定的创业教育和培训，以提升其创业素质。学生组织是文化传播的主阵地，要充分发挥这方面的优势，为大学生创业营造良好的文化氛围。

四是要将高校学生组织作为增强大学生创业意识、培养其创业能力的重要平台。要将学生组织所掌握的校内资源发挥到极致，为大学生搭建一个创业平台，基于此创业平台为大学生提供创新创业教育，开展创新创业实践活动，让大学生在实践中获得创业能力，积累创业经验。要培养大学生的创业精神，首先要做好大学生的素质拓展规划与拓展培训。

由于人们的生活水平普遍提高，一些大学生娇生惯养，缺乏吃苦耐劳精神与合作意识、缺少社会经验，因此各类学生组织可以主动地对大学生进行素质提升，通过组织各种志愿活动和社会实践活动，培养大学生的实践能力、帮助大学生积累社会经验、提升他们的创业素养。借鉴各校的拓展培训经验，贯彻实施素质拓展计划。

五是要充分利用高校学生组织所拥有的社会资源，为大学生创建一个良好的创业环境。高校基层学生组织由于其庞大的组织体系，拥有极为丰富的人力资源和财力资源。另外，学生组织分布较为广泛，与社会层面接触较多，因此拥有丰富的社会资源。高校学生组织要发挥资源优势，为大学生创业活动提供便利条件，调动自身的社会资源，帮助大学生实现创业目标，促进社会和学生共同进步，达到双赢的目的。具体来说，通过举办创业活动，大学生可以提高自身的组织和管理能力，积累社会经验和创业经验；企业可以招揽更多的优秀人才，提高社会效益。在这个过程中，学生组织是连接大学生与企业的桥梁，它能够为大学生提供各种资源，包括财力资源、人力资源、校友资源等，其中校友资源是指学生组织将取得成功的往届校友请来，为大学生提供就业、创业指导，分享工作经验或创业经验，避免大学生在创业过程中出现失误，降低他们的创业风险。

此外，学生组织也可以利用其平台优势募集资金，为大学生创业提供资金支持，保证大学生创业项目顺利开展。

3. 政府支持下的大学生创业路径

国际学者于 20 世纪 60 年代指出，创业在国家经济发展和劳动就业方面，发挥着至关重要的作用。基于这一观点，英国政府强调，大学创新创业教育要与社会、企业加强联系，大学生的重要使命是为社会贡献力量，推动社会经济发展。在创新创业教育中，高校可以采用多种方式，如建立科技园区、专利出让和开展合作研究等，来促进国家经济和科技的繁荣发展。

我国政府高度重视大学毕业生开展创业活动，制定并实施了一系列大学生创业的扶持政策和措施，为其创业提供了有力保障。尽管如此，我们必须认识到中国社会正在经历变革，与欧美市场相比，中国的市场还未完全成熟。因此，在中国，大学生创业压力更大。尽管国家提供了各种创业服务和支持体系，但它们并不完善。另外创业制度和创业环境也需要进一步优化和完善，社会也需要更全面地建立和完善配套体系，为大学生创业保驾护航。

（1）建立创业文化，为创业者营造全社会支持和认可创业的氛围

在我国，人们对创业存在惰性心理，这主要是由两方面的因素造成的，一是受计划经济和传统文化的影响，二是长期缺乏创新创业教育，因此导致许多大学毕业生缺乏创业意识和创业能力。这一局面严重限制了大学生的就业和创业，扣制了他们对创业的积极性。因此，政府有必要积极采取措施，创造良好的创业文化环境，传扬各种激励人心的创业精神，以激励大学生在当前专业基础上开展创业活动，例如宣传一些大学生创业成功的案例和事迹，使这些案例成为大学生创新创业教育的驱动力，增强每个人的创业热情和对创业的思考，扭转大学生的择业观念，在大学生周围传播创业文化，鼓励大学生自主创业。

（2）加强制度改革，在政策上推动创新创业教育的宏观发展

国家的政策导向、教育方针以及管理取向，对高校的创新教育有着至关重要的主导作用。目前，国家和教育行政部门应该在推进高等学校创新创业教育体系的建设和实施以及深化创新创业教育领域的发展方面提供宏观指

导。从小学教育开始，培养青少年的创业意识，到中高等教育时期则注重提升学生的创新创业素质和能力。还应该将创新创业教育纳入国家教育发展规划和振兴计划，以便将之有机融入大学生思想教育、素质教育和职业发展教育体系中。

（3）优化法治环境，为大学生创业提供政策支持

政府要为高校提供政策支持，帮助其普及创新创业教育，鼓励大学生参与创业实践活动。需要明确的是，政府应根据社会实际情况制定有关扶持政策鼓励大学生参与创业。大学生是国家发展的重要动力，是社会实现创业理想的重要支撑，在制定和调整政策时，应特别关注大学生的实际需求并采取更加切实可行的优惠措施。此外，还需要针对大学生创业制定更加完善的政策措施和工作机制，为大学生创业营造良好的法治环境，激发他们的创业热情和活力。

（4）搭建创业平台，为大学生在社会上创业提供配套设施和制度

现阶段，我国的创新创业教育主要集中在高等教育中，高校承担了开展创新创业教育的主要任务。社会各界对创新创业教育并不熟悉，也没有一个清晰的认识。与此相比，美国创业教育的社会环境发展得更为成熟，有相对完善的教育研究体系和社会体系，形成了稳定的创新创业教育生态系统，这个系统整合了不同类型的创业资源，包括创业教育资源、多样化的孵化器、科技园、创业认证机构、创业培训机构、小型企业发展中心、创业者联盟等，旨在加强高校、社会和企业之间的交流互动，为大学生创业汇聚社会各方资源。另外，美国的大学与企业之间建立了密切的合作关系，企业愿意提供机会让学生参与项目研究，而学生的研究成果也对企业的发展起到了促进作用。参考美国的创业制度，我国政府在构建大学生创业的社会辅助系统方面需要发挥重要的引领和协调作用。

首先，需要构建一个以政府为主导、高校为主体、企业提供支持、全社会参与和家庭共同支持的全新的创新创业教育模式，实现教育的全方位发

展。其次，在政府的积极推动和支持下，一些非营利性的、专注于创新创业教育领域的第三方组织已经涌现，为高校提供支持，减轻高校在创新创业教育方面的压力。最后，成立中介机构，专门为大学生创业保驾护航。这些创业中介机构可以为大学生提供创业方面的法律援助、为大学生创业、研发产品寻求企业赞助，为大学生搭建一个创业平台，让大学生发挥创业能力。

参考文献

［1］ 吴伟伟，严宁宁. 大学生创新创业教育［M］. 北京：经济科学出版社，2016.

［2］ 吴勇，张荣烈. 大学生创新创业教育［M］. 北京：北京师范大学出版社，2017.

［3］ 李永山，陆克斌，卞振平. 大学生创新创业教育发展与保障研究［M］. 北京：中国建材工业出版社，2016.

［4］ 陈忠卫. 知行统一路：大学生创业案例与创新创业教育研究［M］. 北京：经济管理出版社，2016.

［5］ 杜永红. 大学生网络创新创业教育［M］. 北京：北京理工大学出版社，2016.

［6］ 杨晓慧. 大学生就业创业教育研究［M］. 北京：经济科学出版社，2015.

［7］ 徐小洲，梅伟惠. 高校创业教育体系建设战略研究［M］. 杭州：浙江教育出版社，2015.

［8］ 芮国星. 信息时代高校创业教育体系研究［M］. 西安：陕西师范大学出版社，2016.

［9］ 臧玲玲. 国际视野下的高校创业教育课程研究［M］. 北京：中国社会科学出版社，2016.

［10］ 商应美. 高校创业实践教育体系建设研究［M］. 北京：人民出版社，2016.

［11］ 郭占欣，吴倩，吴亚凡. 创新创业教育融入人才培养方案的经验做法：以应用型经管类本科学院为例［J］. 产业创新研究，2022（22）：187-

189.

[12] 杨盛文. 高职院校专精特新的创新创业实践育人模式研究 [J]. 太原城市职业技术学院学报，2022（11）：119-121.

[13] 王娜. 高质量高校创新创业教育体系的构建 [J]. 高校辅导员学刊，2022，14（06）：13-17.

[14] 郭再娣，龙贵平. 创新创业教育浸润式教学模式的研究与设计 [J]. 甘肃教育研究，2022（11）：31-34.

[15] 何佳蓉. 创新创业教育与专业教育融合发展的意义、困境与路径 [J]. 百色学院学报，2022，35（06）：128-132.

[16] 庞海燕. 新时代应用型本科高校深化学生创新创业工作的思考 [J]. 高教学刊，2022，8（33）：43-46.

[17] 张虎龄，傅振星. 大学生创新创业认知行为模式研究 [J]. 科技和产业，2022，22（11）：158-162.

[18] 赵坚，陈晓明，赵志国. 地方应用型本科院校创新创业课程体系的构建 [J]. 创新创业理论研究与实践，2022，5（22）：66-68.

[19] 周丽霞，解军，韩世范，等. 创新创业教育对护理专业大学生创业意愿的影响机制研究 [J]. 护理研究，2022，36（21）：3761-3766.

[20] 肖丽. 加强大学生创新创业教育的思考与实践 [J]. 经济研究导刊，2022（31）：147-149.

[21] 于丹妮. 创新创业赋能区域经济高质量发展的机理研究 [D]. 曲阜：曲阜师范大学，2022.

[22] 郭清瑶. 创新创业教育对高职学生创业意愿的影响 [D]. 广州：广东技术师范大学，2022.

[23] 李飞. "三全育人"理念下高校创新创业教育课程的思政功能研究 [D]. 桂林：桂林电子科技大学，2022.

[24] 曹敏. 新时代大学生创业精神培育研究 [D]. 杭州：杭州电子科技大学，2022.

［25］ 刘洋. 面向创新创业的大学生信息素养现状调查与能力提升研究［D］. 曲阜：曲阜师范大学，2022.

［26］ 陈朔.“互联网+”背景下天津市普通高校大学生创新创业开展现状研究［D］. 天津：天津体育学院，2022.

［27］ 殷桥. 黑龙江省高校创新创业人才培养对策研究［D］. 哈尔滨：哈尔滨商业大学，2021.

［28］ 仲琦. 双创背景下高职学生创业问题及对策研究［D］. 徐州：中国矿业大学，2021.

［29］ 丁莉. 大学生创新创业能力现状调查及提升策略［D］. 郑州：郑州大学，2021.

［30］ 戴思琦. 高校创业型人才培养的保障系统构建［D］. 哈尔滨：哈尔滨师范大学，2021.